向守护者致敬

社会力量参与文物保护典型事例汇编（2015）

国家文物局 编

文物出版社

图书在版编目（CIP）数据

向守护者致敬：社会力量参与文物保护典型事例汇编 / 国家文物局主编 . — 北京：文物出版社，2015.12
ISBN 978-7-5010-4438-2

Ⅰ.①向… Ⅱ.①国… Ⅲ.①文物保护—工作—成果—汇编—中国 Ⅳ.① K87

中国版本图书馆 CIP 数据核字 (2015) 第 270510 号

向守护者致敬
社会力量参与文物保护典型事例汇编（2015）

编　　著：国家文物局

责任编辑：孙漪娜
封面设计：孙　鹏
责任印制：张道奇

出版发行：文物出版社
地　　址：北京市东直门内北小街 2 号楼
网　　址：http://www.wenwu.com
邮　　箱：web@wenwu.com
经　　销：新华书店
制　　版：北京宝蕾元科技发展有限责任公司
印　　刷：北京京都六环印刷厂印刷
开　　本：787×1092 毫米　1/16
印　　张：9.5
版　　次：2015 年 12 月第 1 版
印　　次：2015 年 12 月第 1 次印刷
书　　号：ISBN 978-7-5010-4438-2
定　　价：80.00 元

本书版权为独家所有，非经授权，不得复制翻印

序

　　社会参与是做好文物保护工作一个不可忽视的重要方面，一定程度上弥补了文物保护资金、队伍等不足。为在全社会形成鼓励参与文物保护的良好氛围，发挥典型事例的示范带动作用，2015年上半年，国家文物局面向全国文物系统开展了社会力量参与文物保护典型事例的征集活动，并于文化遗产日期间在重庆市大足区进行了专题展示，本书呈现给读者的就是这次活动的主要成果。

　　在这些典型事例中，既有普通农民，也有退休干部；既有宗教人士，也有大学教授；既有港澳台同胞，也有海外华侨；既有河南接力参与文物保护的纪信庙"三杰"，也有福建上书大声疾呼的万寿岩"五叟"——他们有的数十年如一日，甚至年过八旬仍坚持不懈，有的父子两代都坚持在文物保护一线，不图名利、无怨无悔；既有无偿捐资修缮文物的农民企业家，也有在社会上具有较高声望的成功人士。从保护对象看，既有全国、省级重点文物保护单位，也有市、县级文物保护单位、普通文物点；既有单一的古建筑、古墓葬、古遗址，也有点多面广的长城、古村落、古城镇。从文物分布的地域看，既有北京、江苏、浙江、福建等发达地区，也有内蒙古、青海、西藏、新疆等边疆民族地区。这些典型事例基本反映了近年来社会力量参与文物保护的面貌，虽然各有不同、各具特色，但都有一个共同点，那就是他们都怀着强烈的社会责任感，对文物保护有着发自内心的深厚感情。

据第三次全国文物普查统计，我国不可移动文物数量达76万余处，它们分布在祖国的广阔大地上，单靠政府建机构、包投入是不现实的，远远不能满足文物保护的需要，因此，迫切需要动员全社会共同参与。国家文物局在文化遗产日这个中国文博领域最重要的节日期间，组织对各地社会力量参与文物保护的典型事例进行宣传展示，就是要向全社会传达一种信号——大力倡导社会力量参与文物保护。希望越来越多的人能够加入到文物保护的队伍中来，为传承弘扬中华优秀传统文化作出自己的贡献。

是为序。

文化部副部长
国家文物局局长 励小捷

目录

壹　长期义务守护文物

1. 甄淑兰：守望金陵十余载，不忘初心 / 003
2. 梅景田：守护长城的卫士 / 006
3. 李凤君：摩崖石刻守护神 / 009
4. 张鹤珊：守护长城 37 年 / 011
5. 陈吉和：忠实的护陵员 / 013
6. 徐水道：业余文保四十载 / 016
7. 许懋汉：守护家乡文化遗产的文化老人 / 020
8. 胡忠华：认领保护古桥的热心人 / 022
9. 全镇刚：全坊村的活字典与守护神 / 024
10. 焦知云：民间文化的守望者 / 027
11. 阎成新、李合民、朱宪斌："三杰"守护纪信庙，甲午秋夜智擒贼 / 031

12. 孙华国：基层文物保护神 / 033

13. 吴保华：千年水口山，仁山智水情 / 035

14. 业余文保员：农牧民参与文物保护 / 038

15. 阿克苏木·伊力亚斯：义务文物看护员的优秀代表 / 041

贰　志愿维护文物安全

1. 顾铠：退休骑行千里，只为身边文物 / 047

2. 蔡剑锋、郑琦：文物保护、定级的积极践行者 / 049

3. 陈启加：活跃在金华文物保护战线十余载 / 051

4. 圣权法师：依法规划保护，制止违法乱建 / 053

5. 三明"五老叟"：万寿岩遗址的守护神 / 056

6. 彭保红：一个退休女人的梦想 / 058

7. 巴桑旺堆：科研、保护两不误 / 060

8. 重庆文物保护志愿服务队：文保志愿者在行动 / 063

叁　集体组织保护文物

1. 河北朱营村：群防群控、众志成城 / 067

2. 浙江牌楼村：村干部主动为公打捞文物 / 070

3. 广东松塘村：村民集体保护古村落 / 073

4. 山东上九山村：保护古貌，传承文明 / 076

5. 四川建川博物馆：非国有博物馆的典范 / 079

6. 甘肃三角城村：建起了村办博物馆 / 083

7. 新疆喀格恰克村：坎儿井来水了 / 085

肆　无偿捐资保护文物

1. 丁磊：捐巨资保护敦煌石窟 / 089

2. 彭建忠：维修保定古建筑的民间出资人 / 091

3. 黄文生：西海龙王庙的认领保护人 / 093

4. 刘史明：积极参与家乡文物保护 / 095

5. 赵金有：维修保护神泉黄帝庙 / 097

6. 丹东港集团：出资开展水下文化遗产保护工作 / 099

7. 无锡华氏宗亲会：集资修复荡口华氏始迁祖祠 / 101

8. 咸宁市咸安区：多方筹资维修保护古塔 / 103

9. 谢光辉：传统家园的守望者 / 106

10. 陈之迈：出资维护大型战国墓 / 109

11. 仓东计划：文化遗产保育、活化发展的推手 / 111

12. 袁兴泰：保护文化根脉的"袁爷" / 115

13. 香港敦煌之友：为了敦煌，募集资金 / 117

14. 孙蒋涛：克孜尔石窟壁画保护修复资助人 / 119

15. 青岛啤酒博物馆：工业遗产保护利用典范 / 122

伍 个人捐赠、上交文物

1. 曹其镛夫妇：捐赠中国古代漆器 / 127

2. 马绍彬：发现石碑主动报告文物部门 / 129

3. 陈亚迷：徒步推车，把文物上交国家 / 131

4. 黄新兰：致力于海外文物回归 / 134

5. 魏炳祥：发现文物，自觉保护上交 / 137

后记 / 140

壹

长期义务守护文物

社会力量参与文物保护典型事例汇编

甄淑兰
守望金陵十余载，不忘初心

甄淑兰是北京市房山区车厂村的一位普通村民。正是这位六旬老人，每天跛着脚，拄着拐杖，带着陪伴她的小狗，兢兢业业地守望着北京地区年代最早且规模最大的皇家陵寝——金代帝王陵。一守，就是十余载。

金代帝王陵是全国重点文物保护单位，背依军都山，位于房山区大房山车厂村龙门口。金陵原在黑龙江省阿城县，公元1153年金朝建都燕京（北京）后，迁至房山周口店附近的九龙山一带，共葬金代"始祖"至章宗17个皇帝、后妃及诸王，是北京地区第一个皇陵，比明十三陵早约200年。

对于金陵，史书记载不多。金海陵王完颜亮从贞元三年（公元1155年）三月开始至十月，在云峰寺旧址建3个墓穴，安葬了他之前的3位皇帝。第二年又将金朝建国之前的10位祖先之灵迁来此地安葬，各立称号。至章宗末年，金陵各地下宫殿和地上建筑均已建成。金陵区分帝陵、纪陵及诸王兆域3部分。大定年间陵界为78公里，大安年间为64公里。陵域设有围墙，每隔一定距离建有土堡。金以后，陵墓无人守护，地上部分逐渐残毁。明天启年间，因后金政权崛起，明皇惑于术士之说，认为后金兴起与金陵"气脉相关"，遂拆毁了金陵地上建筑。清初对有的陵墓进行了修复，还特设守陵户，春秋至祭。乾隆时又进行修复，但后来遭到严重损坏，金陵地上部分几乎无迹。从1986年开始，北京市文物部门对金陵进行踏勘，测定出金陵在大房山支脉云峰山的具体位置，找到了金睿宗的景陵。

2001年北京市文研所发掘金陵时，甄淑兰为考古队帮忙，给工作人员留下了深刻的印象。发掘工作结束后，她就被聘为金陵的看护员。从那时起，老人就带上家里的狗，风雨无阻，担负起了金陵的看守任务。在看守巡查中，对遇到的偷盗花纹砖和石构件的不法行为，老人都及时制止，为此经常遭到人身威胁，但她不为所惧，"不管这里有没有宝贝，那都是国家的"。

几年前，老人巡查时发现有人要偷偷搬走遗址里的花纹砖石和石构件便立即上前劝阻，反而遭到威胁。经报警后，犯罪嫌疑人被当场抓获，避免了文物损失。

2012年7月21日，北京市发生了特大暴雨，房山区更是重灾区，不断有山洪暴发，甄淑兰老人一直担心的金陵也遭受了暴雨的侵蚀。暴雨刚停，她就动员全家人巡视陵区。22日上午，

甄淑兰在巡查

壹 长期义务守护文物

甄淑兰采集到的文物

老人和儿子巡视到被洪水阻断的皇陵神道口时,在一片杂石堆里发现了个青铜器件,她马上意识到"这可能是被雨水冲出来的文物"。因为交通中断,她只得将青铜器件带回家中保管,同时向房山区文委打电话报告情况。后经专家考证,这是金代的御驾青铜车辖。《新京报》、《北京晚报》等媒体也报道过甄淑兰老人的先进事迹。2012年3月,甄淑兰老人被聘为北京市文物安全监督员。

(北京市文物局)

2 梅景田
守护长城的卫士

梅景田,男,今年68岁,为北京市延庆县八达岭镇石峡村村民,是一个在长城脚下生活了60多年、从事长城保护工作30多年的普通农民。

这位打小在长城脚下长大的普通农民,因其不解的长城情缘而被众人所知。在延庆,说起保护长城,大家都会不约而同地想到老梅。

老梅所在的石峡村就在八达岭长城边上,境内有石长城、土边长城、明长城,长城资源丰富,但都属于尚未开发的野长城,常年有慕名而来的中外游客到此攀爬,私拆墙砖、乱刻乱画、乱扔垃圾的现象时有发生。

从小生活在长城脚下的老梅,把长城看成家乡的象征。1973年,梅景田来到八达岭长城景区工作,也就是从那一年,他开始有意识地保护长城。当时,由于各种原因,长城遭到了无情的破坏。老梅看在眼里,急在心头,在近20年时间里,他走村串巷收集各种长城文物,并将许多面临破坏的文物及时收集到家里,集中保护起来。普通百姓家、农民开垦的菜园、长满荒草的山旮旯,都是他搜寻的目标。各种石雷、石夯、石碑,都是他收集保护的对象。在他的努力下,一大批长城文物得到保护,并相继被送到县文物部门和长城博物馆等单位保存。

1983年,他决定回家保护家门口儿的野长城,因为"那边更缺少人保护"。看护长城并不轻松。石峡长城虽是未被开发的野长城,却不时有慕名而来的游客到此攀爬。捡拾垃圾、清

梅景田搬拾散落城砖

理杂草、制止在长城上乱写乱画的不文明行为，都是老梅的工作。石峡地区的长城多分布在群山峻岭之中，老梅需要花一天时间才能走完一圈。巡山小路是老梅多年来用镰刀开辟出来的，可以到达海拔 1200 米的长城箭楼，路面又陡又窄，行走其上，不时有荆棘划过裤腿。巡视一趟要走近 20 公里，往西要到京冀交界处的南天门，东到八达岭野生动物园南侧。老梅每周至少巡视一次，碰到节假日或黄金周，每隔两三天就得去一趟。每次去远一点的地方，老梅都带上水和干粮，早上出门，太阳落山才回来。老梅已经数不清穿破了多少双鞋，走过了多少里路，但长城上的每块城砖却都在他的心里。

　　梅景田的坚持感动了很多人，越来越多的村民自觉地加入到上山巡视、保护长城的队伍中。在老梅的倡议和村党支部的支持下,石峡村村民成立了"义务保护长城协会"。32名会员在老梅的带领下,义务到长城上巡视、清理垃圾,定期铲除长城上的杂草。如今,石峡村义务保护长城协会不断壮大,会员已经发展到80多人。梅景田说:"只要身体允许,我就会一直干下去。"

(北京市文物局)

3 李凤君
摩崖石刻守护神

今年68岁的李凤君居住在北京市延庆县旧县镇烧窑峪村，在村北头的馒头山上有三窟摩崖造像，是北京市目前发现的北方地区最大的道教龛窟。从1985年开始，李凤君成了馒头山摩崖造像的义务守护者，到今年已经30年了。说起个中缘由，老人说："咱总得给后人留点什么东西吧，这些文物风化得那么厉害，再不保护就晚了。"

从李凤君家到摩崖造像大约有1.5公里，其中有1公里是山路，来回一趟差不多两小时。山上没有修步道，只有一条李凤君用镰刀清理出的小道，他平均每三天就会去山上巡查一圈，

守护摩崖石刻的李凤君

三十年来风雨不辍。他说："这么多年都习惯了，不上山看看它们心里就觉得不踏实，生怕再有点儿什么闪失，对不起子孙啊。"

馒头山上的这些造像曾经有过几次"闪失"。李凤君回忆说，20世纪80年代，摩崖造像曾经被盗过一次。而早在"文化大革命"时期，村里有几个小青年为打破封建迷信硬将三座造像从山上推了下去。1998年，李凤君下到山沟看到，造像都还在，但头已经被盗。他不敢耽误，马上从村里请来六个壮劳力，肩扛手拉，历时四天把造像运上了山。1999年的一天，一组造像的头部再次被盗，文物部门决定为造像建铁栅栏，加强保护。

十多年过去了，文物再没有发生过被盗的情况，李凤君说："一方面是因为游客的素质提高了，一方面也是因为加强了保护。"每当看到或听说有游客要上山，李凤君都会跟着对方，一边当义务导游，一边提醒游客保护文物。

一把镰刀，一条紧随其后的小狗；一份信念，一段保护文物的佳话。踩霜踏雪，栉风沐雨，30年过去了，曾经的壮年汉子变成古稀老人。而在他的守卫下，摩崖石刻依然如初，依旧巍峨。山路弯弯，岁月翩翩，不变的是他的信念。

（北京市文物局）

4 张鹤珊
守护长城 37 年

60 岁的张鹤珊是河北省抚宁县城子峪村的村民,他的家就在长城脚下。该村位于抚宁县的东北侧,北接辽宁省,十几公里的明代长城就在小村庄背后,燕山山脉蜿蜒而过。从 1978 年起,张鹤珊就开始守护着村子附近的明长城,至今已有 37 年。

张鹤珊几乎每天都要走上十几公里的山路,把周围的长城

张鹤珊在清除长城上的垃圾

巡视一遍。37年里，张鹤珊在长城上步行的里程相当于绕地球两圈多，光胶鞋就穿坏了两百多双。37年里，他劝走放羊倌，说服挖蝎人，吓跑偷砖贼，为守好长城跟很多人急过眼、红过脸。

在保护长城的过程中，张鹤珊还对长城研究产生了浓厚的兴趣。每听到一个精彩的故事，细心的张鹤珊都要一字一句地整理记录下来，如"媳妇楼传说"、"白台子传说"、"雷击碴的故事"等。他写的几篇论文在中国长城学会的会刊上发表，在长城研究界受到好评。2002年，他被批准加入了中国长城学会，成为中国长城学会第一位农民会员，接待过来自美国、澳大利亚、新西兰、挪威等国家的游客。2004年，抚宁县开始建立"长城保护员"机制，将境内的长城分成18段，由18位农民分段巡护，张鹤珊成为长城保护员之一，负责董家口至平顶峪约10公里的长城。2015年4月13日，《人民日报》头版以图片新闻的方式报道了张鹤珊"守护长城37年"的先进事迹。

（河北省文物局）

5 陈吉和
忠实的护陵员

今年已经 59 岁的陈吉和是内蒙古赤峰市巴林左旗查干哈达苏木石房子嘎查的一位村民,自 1997 年起担任村子附近的全国重点文物保护单位辽祖陵、祖州城保护员,迄今已经 18 年。

辽祖陵及奉陵邑祖州城的重点保护区有 12 平方公里。担任保护员 18 年来,陈吉和风雨无阻,每天都会按规巡视,如发现异常情况,还要夜间巡视或"蹲坑"。他的家距文物管理所 3 公里,从文管所到祖陵 2 公里,每天往返至少 10 公里的路程,十年就要步行 3.6 万公里。老陈年轻时,因使用铡草机发生机械事故,不慎失去小臂,但他样样农活不输别人,日子

陈吉和在辽祖州城

陈吉和在巴林左旗巡视

过得有滋有味。他多年徒步爬山，增强体力，认真巡山看护遗址，十多年如一日，风雨无阻。如若发现保护范围内有居民修房挖土，他会特别留意，发现问题及时制止并上报文物管理部门。祖陵内地形复杂，林木茂盛，常有"可疑者"出现，他基本都是第一个发现者和报告者，并协助公安部门和上级领导部门抓捕文物犯罪分子。

老陈认准一个理儿："自己做工作

要上对得起祖先,下有益于后代。"他就像母亲呵护孩子一样爱护着这块土地和这块土地上的历史文物。遇到散佚文物,总要想方设法收集起来。他发现和收集的六耳铁锅、人物石雕、动物石雕、石柱础、残碑片等十余件文物,全部都无偿地捐赠给辽上京博物馆。几年来,每逢有到祖陵搞考古调查、摄影的业务人员,他都热情协助工作,从不讲报酬,给大家留下了深刻的印象。当下的社会环境,经常有文物收藏者到遗址处找老陈拉关系、套消息,都被他婉言拒绝。作为一个普通的文物工作者,他从未"犯过规"。

2005年,陈吉和受到赤峰市文化局的表彰。2006年巴林左旗广播电视局把他的事迹拍了一个名为《守陵人》的短片。老陈说:"幼年时,我的父亲也担任多年石房子林场的看护员,在山上转了好多年,辛辛苦苦一辈子。我干了这么多年,也60岁了。儿子从小就喜欢跟我上山,愿意接我的班,干好遗址保护员工作,我打心眼儿里高兴。"

(内蒙古自治区文物局)

6 徐水道
业余文保四十载

今年83岁的徐水道老人,是浙江省宁波市鄞州区1974年的首批业余文保员。自从成为业余文保员的那一天起,老人就一直在为保护文物而不断努力。在当年整治南塘河的时候,老人作为"文物征集办公室"的具体负责人,就在为收集整治过程中发现的文物而奔波。有人刚刚在河里挖出个铜镜,就被他直接给拦了下来,说要问问专家;有人在河里掏出个一腿高的陶瓶,他又去问了专家,听说是汉代的东西,便给要了过来;还有一次他坐船去市区,船行半路听说附近一老太太打水的瓷瓶很古朴,应该是个古物,他赶紧叫船靠岸,找到老太太,也

徐水道和老伴

徐水道宣传文物保护

给收了来。到后来他收集的文物堆了一地,楼上楼下到处都是,最后都被他装进麻袋,叫上儿子、女婿、女儿、媳妇一起,背到宁波,交给市文管会。

徐水道老人一直深爱着自己的故乡,两寺、两庙、两庵、两桥、两堰,以前洞桥头村的这十处古迹一直都被老人记在心里。只要站在旧址前,老人就能指出哪里是大门,哪里是大殿,戏台在何处,两侧挂了一副怎样的对联。而让老人心碎的,是当年的这些好东西说没就没了,当年的十处古迹只剩下两桥,气派的青石条如今被砌进了围墙,精美的雕刻成了众人家门前的石凳……

为了让老祖宗留下的东西能够被保留下来免遭破坏,凭借着对这些古迹的了解,老人时刻关注着这些"宝贝",这也让他在其中发现了一件重要的文物——《三字经》作者王应麟所撰的残碑。当地天兴庙有一块庙记,上刻"神之徕,时雨摇,介康年,协气翔,妖厉蠲,溪摇摇,福如川……"等内容,还有王应麟的落款。虽然天兴庙早已不存，但这块铭刻庙记的石碑还一直留在故地。在十几年前的一天，老人的朋友跑来跟他说，石碑不见了。而老人深知这碑刻的重要性，碑刻记载的都是历史，没有了这些碑刻，一些历史就会被湮没——以前洞桥有座建于宋朝的廊屋式木桥——光溪洞桥，但由于其碑刻早已不见，人们了解这座桥梁的历史变得十分困难，只能靠当地老人的记忆才得到一些信息。而天兴庙这块碑刻，它的行文风格跟三字经一模一样，可以为王应麟就是《三字经》的作者提供有利的证据，为了不让这件珍贵的文物流失，徐水道老人马上在村里到处打听，发现原来是有户人家在附近盖房，看到这块大石头不错，就敲碎了，砌进自家的墙脚里。最后老人硬是从

徐水道老人至今还在收集文物

人家的墙脚里把几块碎石碑挖了出来，可惜右上角一块找来找去却不见踪迹，无奈之下，只能用水泥补上，并将拼接后的碎碑立于新修的天兴庙内。

三十多年的业余文保员生涯，徐水道老人总共上交各类文物500余件，其中珍贵文物40多件，"战国陶器、汉朝铜镜、西晋水盂、唐朝瓷钵、北宋盏托、元代铜权"，这么多的文物不禁让人们感慨老人为文物事业所做出的巨大贡献。而在这三十年里，老人为了保护文物，被人打过、骂过、嘲笑过；为了保护文物，现年83岁的他，还是靠双脚踏着老年车与老伴一起过着摆地摊的生活，家里穷得至今还是一床、一桌、一灶，没有一样值钱的东西。但是这一切并不能摧毁他保护国家文物的决心，现在他不仅自己干，还把自己的女婿也培养成了一个合格的业余文保员，继续自己的文保事业。

徐水道老人保护文物从不图名利，党和政府没有忘记他为文物保护事业做出的贡献。他不但年年是先进文保员，1997年还被评为宁波市十佳业余文保员，2004年，鄞州区人民政府更授予他"文物工作终身成就奖"。2015年又授予"王元暐文物奖"。他的先进事迹在中共浙江省委主办的《共产党员》杂志上刊登，中央电视台和浙江电视台以及省市报纸等多家媒体都对他的事迹进行了专题报道。对此，老人只是淡淡地说，我只是做了个普通的业余文保员。这就是徐水道，一个普通的共产党员，一个出色的业余文保员。

（浙江省文物局）

7 许懋汉
守护家乡文化遗产的文化老人

七十多岁的许懋汉老人，是浙江省海盐县澉浦镇人，全县有名的文史专家，现任嘉兴市钱镠文史研究会副会长、县政协文史委文史研究员、南北湖旅游文化研究室副主任。

退休后的他自 1995 年起从事文史研究工作，20 年来以文史研究员、业余文保员、文保监督员、省作协会员等不同身份，致力于海盐县的文物保护。1996 年他主动协助南北湖风景区管委会修复韩国民族英雄金九先生南北湖避难地"载青别墅"，面对当地村民的不理解，他耐心做其思想工作，使"载青别墅"修复工作得以顺利开展；随后他多次去上海"大韩民国临时政

许懋汉家里的"工作室"

许懋汉在载青别墅

府"旧址等地查找相关史料，寻遍江浙一带的图书馆，辗转寻访到金九先生著作《白凡逸志》，为真实呈现"载青别墅"的历史原貌和设计布馆收集详尽史证。1997年，"载青别墅"被公布为县级文物保护单位，为扩大其在国内外的影响，他在《文汇报》等多家报刊发表文章十余篇，并与同仁编撰发行《金九与南北湖》一书，且多次协助当地举办纪念金九先生的学术活动。

此后十余年间，许懋汉老人先后为保护和修复爱国人士毕云程故居、清末状元朱昌颐墓、吴越王庙、钱氏宗祠等文物古迹辛劳奔波，节衣缩食、自费外出调查收集史料，寻访知情线索及相关文物，进行历史研究，整理编撰本土名人故事，公开发表文章数百篇。近期，他还通过作客文化讲坛等形式，开展乡土文史宣传教育，推动家乡文化事业发展。

（浙江省文物局）

8 胡忠华
认领保护古桥的热心人

浙江省平湖市地处江南水乡，境内水域纵横交错，古桥星罗棋布，目前批准为文保单位、文保点的古桥有42座，大多分布在乡镇偏僻之处，文保巡查监管路途遥远，日常管护困难重重。借助社会力量参与文物保护、携手热心人士认领日常养护责任，是做好文物保护工作的新思路、新举措、新途径。胡忠华就是这样一名热心文物保护事业、主动认领古桥保护责任的优秀业余文保员。

胡忠华作为一名土生土长的平湖人，是景兴包装材料有限公司的总经理，兼任平湖市福利企业协会副会长，他致富不忘回报社会，积极参加公益事业，怀着传承优秀文化、关爱社会、关爱文化遗产的愿望，主动申请担任业余文保员，于2014年向平湖市文物局申请了3座古桥的认领养护工作。

2014年以来，胡忠华把文物保护作为企业文化建设的内容之一，在公司大力宣传文物保护的重要性，积极鼓励职工参与文物保护工作，培养人人爱护文物、保护文物的意识。2015年1月，在胡忠华认领的曹桥街道勤安村文保点胡家桥附近的河里发现一块桥额，他立即联系了打捞人员，把3米多长的北桥额打捞上来，并实施了原地保护措施。胡忠华说："我今天出点小力，以后在修缮胡家桥时，可以为恢复原貌派上大用处。"

对认领的古桥，他分期分批组织职工清理杂草杂物，并以古桥为企业文化宣教点，使文物保护工作与企业文化建设得到了有机结合，也有效地弥补了文物监察人力物力不足的问题。

胡忠华在介绍文物保护

经过一年多的努力，使原本杂草野树丛生、缺少管理的古桥焕发了新的生机，在企业中培养了保护文物人人有责的良好氛围，胡忠华本人被平湖市文物局评为2014年度业余文保员先进个人。

像胡忠华这样有高度责任感、任劳任怨的业余文保员，默默无闻的文物守望者，在平湖还有许多，他们的心中只有一个朴实而又简单的愿望：守护住家乡的文化遗产！目前，胡忠华认领文物古桥的典型事迹得到平湖市文物局高度重视，他们计划在全市推广"文物古桥社会认领行动"，广泛发动社会各界力量加入到文物保护队伍中来，形成全社会齐心协力保护文物的良好局面。

（浙江省文物局）

9 全镇刚
全坊村的活字典与守护神

江西省金溪县合市镇全坊村,至今保存有五条 200 米以上以青石板与卵石铺成的、整体格局与传统风貌保存完好并无任何插花新建筑的古巷道,有五大古居民聚落群和明清时期的古桥、古井、门楼、牌坊、书院、祠堂、官厅与庙宇等古建筑文物共 97 处,入选第三批中国传统村落。全镇刚就生长于这里。

全镇刚今年 70 岁,身体结实、硬朗,从金溪县合市镇农机站退休后,在广东、福建创业的儿女都希望把他接去享清福,可他坚决不同意,因为他舍不得生他养他的故土,放心不下老祖宗留下的这么一大批优秀的文化遗产。他书读得不多,文化不高,尤其是对古汉语、古汉字比较生疏,但在退休后的短短几年时间,他认真钻研《全氏家谱》,碰到困难和问题虚心向人请教。通过学习,现在他对全坊村的历史沿革了若指掌,对于全村重要古建建于哪个年代,占地面积多少,结构与雕花图案是什么样子,是哪一代哪一位老祖宗建的,都能够如数家珍,娓娓道来。大家说他是全坊村的"活字典"。2006 年,金溪县人民政府正式给他颁发了文保员聘任书以后,他更加把村里的文物保护当做自己的义务与责任,在如何保护文物方面勤于思考,出了不少点子,协同村理事会出台了不少管理办法与举措,有的做法还在全县得到推广。他把自己退休工资结余部分和儿女们孝顺他的钱全部捐给村里维修宗祠、书院等古建筑文物,自己的生活过得很简朴,觉得老年人过得太奢华反而不利于健康。人家说他傻,他回答:"我不傻,做点有意义的事,乐在其中。"

作为一名最基层的文保员，全镇刚根据多年来的工作实践，深深体会到，仅有满腔的工作热情还不够，必须具备不畏权势、不惧恐吓与报复、敢于同违法犯罪行为作斗争的牺牲精神和不被金钱利诱的高尚品德。

第三次全国文物普查成果公布以后，来自全国各地的不法文物商贩涌入金溪，非法拆除、迁移古建筑，给文物保护工作带来了前所未有的压力。有的

全镇刚在 2014 年文化遗产日主场城市活动上致辞

犯罪分子气焰十分嚣张。曾经有一次，全镇刚在村巷道口阻拦文物盗窃犯罪嫌疑人，被犯罪嫌疑人狠狠抓住胸脯要打他，他丝毫也不畏惧地说："你可以打我几下，踢我几脚，甚至捅我一刀，但我村里的古建筑文物丝毫不能受损伤。"也有人向他承诺过，只要能在全坊村买走一栋老房子，就给他多少钱，他回击："简直是笑话，本身我就捐钱，怎么还会收你的钱。"有人买不到就偷盗，他不但白天要组织人员巡查，晚上也常常半夜起来巡逻，确保文物的安全，人们都称赞全镇刚是全坊村文物和文化遗产的守护神。

（江西省文物局）

10 焦知云
民间文化的守望者

学生时代，焦知云就非常喜爱书法，一直坚持读碑临帖。1980年，在参观山东岱庙和泰山时，他被那些琳琅满目的古代碑刻和遍山点缀的摩崖石刻所吸引，感到非常震撼，从此，与碑刻结下了不解之缘。

1995年春节的一天，焦知云在考察荆门白云楼时，发现十多块古碑破损断裂，深感可惜，萌发了搜集整理荆门地区所存历代碑刻的念头。2003年，焦知云从荆门市副市长位置上退休后，常常约上一些书友、画友，身背拓碑工具，跋山涉水，踏遍荆门寻碑拓碑。

拓碑是一项技术活。为了提高墨拓技术，焦知云曾到西安碑林学习，并到河南安阳岳飞庙碑林观摩，请专家示范指导。经过刻苦研习和反复实践，他的墨拓技法日臻娴熟，无论乌金拓，还是蝉翼拓，都能得心应手。

访碑拓碑也是一项极其艰苦的野外工作。京山县杨集镇的龙凤山海拔535米，为了拓好山上的古碑，焦知云约伴而行，背着行囊，带着干粮，翻山越岭，腰酸背痛也全然不顾，渴了喝一口山泉水，饿了啃几口冷馒头。拓碑完工下山时，往往天色已黑，但收获拓片的喜悦令他们兴奋不已。钟祥市城关气象局院内有一块高4米多的《阳春台赋》汉白玉巨碑，焦知云在拓碑快要完工时，因自搭的跳板垮塌而跌落下来，造成右脚软组织严重挫伤，治疗了4个多月才痊愈。拓东宝区仙居乡蔡氏牌坊碑文时，搭脚手架4米多高；拓钟祥郢中少司马牌坊碑文时，所搭脚手架高 6 米多。艰苦的高空拓碑，被焦知云戏称为"挥汗凌云"、"高空览胜"。18 年的不懈努力，焦知云已在荆门辖区内访得历代碑刻 1500 余块，制作拓片 1000 余幅，被誉为"荆楚拓碑第一人"。

2006 年，他又发现了明代首辅张居正为武略将军金相之妻撰写的《诰封宜人故显妣胡氏墓志铭》，为《张文忠公全集》所缺录。此外，还发现了明万历皇帝"保堤寺敕谕碑"、严嵩所书的几通书法碑刻及守卫明显陵的四位掌印太监的事迹碑刻等。这些珍贵的碑刻资料填补了史书记载的不足，为研究有关历史人物打开了一扇新窗口。

在访碑拓碑的过程中，焦知云发现荆门还保存有不少古寨城堡。这一座座古代建筑丰碑，记载的是一段段惊心动魄的地方历史。于是，他又开始了古寨考察之旅。考察古寨比寻访刻碑要难得多，因为访寨必登山。焦知云对古寨的考察主要有四个步骤。一是考察寨门的结构形制，要量其各部位的尺寸，并从不同角度拍照、摄像。二是分析寨墙的模式和丈量寨墙的周长，并对寨墙的形状特点进行记录。丈量周长最难最险，要用 50 米的皮尺，在寨墙顶上逐段步行丈量长度，两人前后操作。稍有不慎，就会摔伤致残，甚至危及生命。三是考察寨中寺观、石屋，寻访古碑、制作拓片，这是获得古寨文字依据的重要一环。四是绘制简要寨图，不仅要标注古寨的形状，还要标明寨门、炮台、石屋、寺观和碑刻等所在的方位及寨墙各段的长度。只有经过这四个步骤，一座古寨的整体面貌才能较为完整地呈现在人们面前。考察钟祥市客店镇海拔 550 米的猴王寨时，焦知云先从北线上山，因向导迷路，在深山老林中攀爬了两个多小时，无功而返，第二天另请向导才从东寨门进入寨内。第二次又从南面上山，绕行西寨门进入寨内。通过两次考察，了解了猴王寨一些基本信息，如呈东西向不规则扁长形，外寨墙周

焦知云访碑拓碑

长1164米，内寨墙周长60米，为内外寨墙套叠而成。猴王寨四个高大的拱形城门设计高明精巧，建筑严实牢固，至今保存完好，为全市所存之寨中绝无仅有，堪称寨中精品。

十多年来，焦知云共考察古寨130余座，拍摄了各类古寨的照片，收集了丰富的第一手古寨资料。2008年7月，央视《走遍中国·荆门》第三摄制组以他考察古寨的事迹为线索，实地摄制《古寨寻宝》专题片，拍摄了京山的绿林寨，钟祥的黑王寨、扁寨、九华寨，东宝的仙人岩寨，漳河库区的乐天寨和五峰寨等7座高山古寨，录制了他对7座古寨的建筑特点、古寨历史和寨碑文化的讲解，于2008年9月11日晚黄金时段在中央电视台第4套节目首播，后来又多次重播，社会反响良好。

考察工作不是目的，更重要的是研究、整理和大力宣传，使其发挥应有的价值作用，促进传统文化的继承和弘扬。为此，焦知云在碑拓后，将所有拓片的文字进行点校、注释，编印成册，让沉睡的碑刻得以面世。他查阅文献资料，考证碑刻的历史渊源，或注释碑文的疑难字词，或介绍相关的历史典故，或评价碑刻的文史和书法价值等，三易其稿，汇成80万字的《荆门碑刻》专著，于2008年由中国文史出版社出版。全书内容涉及荆门古代政治、经济、军事、法律、教育、宗教和民俗风情等，具有重要的历史、文献和艺术价值，被誉为"荆门第二书"（清舒成龙所编《荆门州志》为第一书）。2012年，焦知云又出版了记载有64位历史人物生平事迹的、20多万字的《荆门墓志》。2013年，出版了刊载500多幅原碑拓片、30多万字的《荆门碑刻拓片选集》。几年来，焦知云给龙泉中学的青年教师、市文管所文博人员、东宝区政协文史研究员、市博物馆工作人员和荆门晚报组织的百名小记者进行碑文化历史知识的专题讲座，并于2007年和2013年两次在荆门市博物馆举办"荆门碑刻"拓片展，展示和宣传了荆门碑文化底蕴，收到了良好的效果。焦知云抢救荆门古文化的行动得到了社会的肯定，2013年，他被授予荆门市"中国农谷十大民间文化守望者"荣誉称号。焦知云常说："抢救文化，传承历史，义不容辞，任重道远。"正可谓"境界全凭慧眼观，钩沉史海起波澜，翻山越岭寻常事，上得层楼景更宽"。

（湖北省文物局）

11 阎成新、李合民、朱宪斌
"三杰"守护纪信庙，甲午秋夜智擒贼

壹 长期义务守护文物

031

纪信是秦末跟随刘邦起义的大将，曾参与鸿门宴。由于身形及样貌恰似刘邦，在荥阳城危时假装刘邦的样貌向西楚诈降而被俘。项羽见纪忠心，有意招降，但纪信拒绝。最终被项羽用火刑处决。纪信舍身救汉王，厥功甚伟。荥阳城作为当时重要的经济中心、交通枢纽和军事重镇，地位重要，如果被项羽攻破，必将是城池毁灭。因此，纪信被尊为守护一方的城隍——中国最早的城隍庙芜湖城隍庙就尊纪信为城隍——纪信

纪信庙"三杰"（左为阎成新、中为李合民、右为朱宪斌）

因此成为城隍鼻祖，很多地方都拜纪信为城隍神。

汉王朝建立后，后人感其忠烈，在荥阳西门外为纪信建造衣冠冢，称信陵。唐天宝七年（公元748年）建纪信庙，后代多有修葺，并有历代文人墨客留下的碑刻30余通，现为河南省文物保护单位。1980年，郑州市博物馆对纪信墓进行了考古发掘，出土文物300多件。

2004年，一个以李合民、朱宪斌、张国西为核心的群众自发性保护组织应时而生。他们义务守护纪信庙十余载，约定每天二十四小时轮流不间断看护纪信庙，多年来一直坚持，风雨无阻。

2014年秋的一个晚上，恰逢朱宪斌守庙。凌晨时分，他在监控录像上看到享殿内灯光闪烁，应是进了贼，在用手电筒借光行窃。朱宪斌虽已年过花甲，但并没有恐惧退缩，而是拿了一根木棍悄悄地绕到大殿门口静候。过了几分钟，窃贼行窃完刚刚踏出殿门，他便趁其不备给了窃贼当头一棒，李合民、阎成新二位及时赶到，三人将窃贼扭送至派出所。

十多年来，守护纪信庙的"三杰"队伍成员不断变化，最初成员之一张国西因病去世，其爱人宫金秀接替了守护纪信庙的职责，直至前两年患腿部顽疾不便行动，阎成新又加入了这个队伍。他们都是对纪信庙有着浓厚感情的普通老百姓，不求名、不图利，把自己的时间精力都奉献给了纪信庙的保护与传承。

（河南省文物局）

12 孙华国
基层文物保护神

今年 77 岁的孙华国，生活在河南淇县高村镇高村，数十年来痴心文物保护，无私奉献，被淇县人民亲切地称为"文物保护神"。

高村古称淇水关，是帝辛（商纣王）时期进入朝歌的重要水路码头。为了寻找"淇水关"实物资料，孙华国不辞辛劳、四处寻觅，终于在 2005 年 9 月 8 日在村南小桥上发现一通有"淇水关"字迹的清代石碑。为了弄清村西古石桥的年代，他跑遍淇县文物部门、县志办和浚县县志办查询；为更好地保护村中明代石桥，他把桥下淤塞多年的淤泥和粪便全部挖掉。他还自建了一个民俗博物馆供村民参观，积极宣传文物保护知识。

孙华国讲述采集文物经历

孙华国讲解淇水关石板桥

2012年，在他的带动下，群众自愿捐款20余万元，先后修复了淇水关东门和南门，并把全村有价值的古石刻等集中到村委大院内集中保管。村里还成立了淇水关文化研究会，编写出版了《淇水关》、《高村村志》等图书。

在孙华国的努力和文物部门的支持下，村中近800米的明代石桥路和明清石碑等百余件石刻得到有效保护。特别是淇河石桥和石板古道，对研究我国明代桥梁和道路建设具有很高价值，国家、省、市文物部门领导和专家等多次到这里现场考察。

多年来保护文物的经历已经成为孙华国的精神支柱，虽年近八十，但淇河古石桥上依然每天可以看到他为保护文物而忙碌的身影。

（河南省文物局）

13 吴保华
千年水口山，仁山智水情

湖南水口山有色金属集团有限公司党委副书记兼工会主席吴保华在企业繁忙工作中，时刻不忘文物保护，使水口山的企业文化得到有效传承，被当地文物部门誉为"水口山铅锌矿冶遗址"守护人和历史文化的守望者。

水口山享有"世界铅都"、"中国铅锌工业的摇篮"的美誉，最早开采于汉代，唐代设立菱源银场，宋代收为官办，创下了中国矿业最早的官办史。千百年来，水口山留下了不同时期的采矿和冶炼方面的工业遗存。如何把这些文化遗产保护起来并传承下去，成为了吴保华的追求。

吴保华在水口山工人运动陈列馆开馆庆典上致辞

吴保华主持水口山铅锌矿冶遗址文物保护协调会

    2011年，湖南常宁市文物局筹备将水口山工人运动陈列馆改陈扩馆，最头痛的就是资料和文物的缺乏，时任水口山集团公司工会主席的吴保华知道情况后，主动联系文物局工作人员，打开了集团公司的档案馆，对文物局工作人员说："这里是我多年的心血，你们需要，这些都是你们的，拿去吧！"就这样，文物局从水口山集团公司档案馆移交了文物和资料860多件。同时，吴保华还要求水口山集团公司相关部门为文物局工作人员提供方便，并请公司党委宣传部派专人负责联络。他亲自寻访并协调陈列的选址，说服水口山集团公司领导层无偿提供水口山铅锌矿招待所大院用于改建水口山工人运动陈列馆。

    2013年，在水口山集团公司总经理办公会上，吴保华发言时说："水口山铅锌矿冶遗址已经被国务院公布为第七批全国重点文物保护单位，这是我们水口山的光荣，作为我们集团公司来说，应该有一个态度，虽然公司现在很困难，但保护文物的钱还是要安排一点！"这次会上形成了一致意见——一次性补助了常宁市文物局水口山工人运动陈列馆建设经费5万元，并决定每年安排8万元作为到水口山开展文物保护工作的专家和工作人员的食宿保障。在吴保华的倡导下，集团公司迅速成立了以董事长（总经理）为主任、党委书记为政委的水口山铅锌矿冶遗址保护领导小组，协调处理文物保护、管理和合理利用工作。

"水口山铅锌矿冶遗址"被国务院公布为第七批全国重点文物保护单位后，常宁市文物局随即启动了保护规划编制和考古调查等相关工作，随着工作的推进，目前已把涉及水口山铅锌矿各时期冶炼、采矿和工人生产、生活等遗留下来的19个文物点纳入保护范围，文物日常监管的任务进一步加大。2014年9月，文物局工作人员在文物安全巡查时，正好碰见了吴保华也在巡查，吴保华说："这些文物点的保护你们有责任，我也有责任，你们放心吧，我帮你们看着的。"据了解，从2013年10月开始，吴保华每个月都要到水口山铅锌矿冶遗址的各个文物点上看一看。

"水口山矿务局影剧院"是"水口山铅锌矿冶遗址"的一个文物点。2014年底，有个老板找到吴保华，想租影剧院改建为超市，吴保华对老板说："这个地方是文物点，怎么利用，要按市文物局的要求办。"

在吴保华心中，保护水口山工业遗产是最重要的事，传承企业文化就是传承一个企业发展的灵魂。用吴保华十年前倡导的企业文化理念来说，那就是："仁山智水，天人合一"。

（湖南省文物局）

14 业余文保员
农牧民参与文物保护

乌兰县位于青海省中部，历史悠久。早在周秦时期，乌兰地区就是塞外羌人驻牧地，公元4世纪初为吐谷浑属地。元宪宗三年（公元1253年）起，属吐蕃等处宣慰使司都元帅府管辖。明嘉靖年间，不断有成批蒙古人移居青海。清雍正时期，蒙古巴隆部首领从东部牧业区招募汉族农民到今乌兰地区进行农耕。

青海省海西州乌兰县社会文保员工作照

壹 长期义务守护文物 039

青海省海西州乌兰县社会文保员巡查文物点

乌兰县田野文物点多、面广。大部分文物遗存在人烟罕至的山区中，管理难度较大。县文物保护部门针对这一状况，采取了专业队伍与业余文保员相结合的方法，按照谁使用谁负责的要求，科学合理划分田野文物保护责任区，建立和完善田野文物保护员管理办法，进一步明确文保员职责，以镇、村、社区或文物点分布区设置文物保护员，发挥基层文保组织和文保员在田野不可移动文物保护中的作用。这些措施有效调动了当地民众参与文物保护的热情。

以乌兰县茶卡镇塔拉村陶海（古墓葬）地区的文保员李智布和柯柯镇卜浪沟村（古墓葬）焦苏龙地区文保员为代表的当地群众，认真履行文保员职责，在农牧民群众中积极宣传《文物保护法》和《海西州文物保护条例》。两人长年坚持每周巡查责任区文物点两次。在辽阔的草原，文保员居住地与文物遗存点相距十几公里，路途遥远，交通不便。夏季汛期来临时也是盗墓贼频繁出没的季节，要随时进行巡查。每年这个时节，他们就自带食物、行李，每天骑马去几十里远的文物点巡查，有时夜晚就地打开行李露宿野外，遇到雨天，他们更是整夜不眠，以防盗墓贼乘机盗掘。2014年11月，茶卡镇塔拉村托海地区的文保员李智布发现茶卡漠河水库地段墓葬被盗，及时打电话通知县文物管理部门，避免了更大损失。在勘查现场李智布积极协助县文物部门测量墓坑、清理残骸、回填盗洞等工作。文保员每月向当地镇政府、文化站汇报一次，每季度向县文物保护管理局汇报看护情况一次，遇特殊、紧急情况则随时汇报。在责任区内对不明身份的人盘查询问，发现文物破坏迹象及时向县文物局反映，并宣传、动员周围群众严密看护。由于缺乏经费，文物管理部门每月只能发给他们五、六十元的通讯费。面对没有交通工具、食宿不便的问题，他们从无怨言，默默地付出着。在他们的认真守护下，乌兰县田野文物安全形式整体良好。

当地文保员积极参与文物保护的做法，不仅得到了群众的支持，而且增强了农牧民群众保护文物的意识，营造了良好的文物保护氛围。

（青海省文物局）

15 阿克苏木·伊力亚斯
义务文物看护员的优秀代表

壹 长期义务守护文物

哈密地区地处敦煌与吐鲁番之间，是新疆通向祖国内地的交通要道，自古就是丝绸之路的咽喉，是中原文化与西域文化的碰撞交汇处，历史悠久，民族风情浓郁，文化底蕴深厚，古城、古墓、古堡、古碑、古岩画、古烽燧等文物遗迹遍布区境。

为了有效保护这些珍贵的历史文化遗产，哈密地区文物系统积极动员社会力量参与文物保护，专门成立义务文物看护员

阿克苏木·伊力亚斯测量遗迹

阿克苏木·伊力亚斯采集地表文物

队伍保护文物。目前全地区文物看护人员共89人，看护文物保护单位235处，其中9处全国重点文物保护单位、55处自治区级文物保护单位。阿克苏木·伊力亚斯是义务文物看护员队伍中的优秀代表。

阿克苏木·伊力亚斯，1972年3月出生，男，维吾尔族，哈密市五堡镇高得格村村民，现为哈密地区文物局白杨沟中游一线义务文物看护员，主要负责看护白杨沟中游及高得格村以西的烽火台、古遗址、古墓葬等文物遗迹。他的父亲伊力亚斯·托合逊从1982年开始义务看护拉甫却克古城及其周围的几处文物保护单位，2005年去世后，阿克苏木主动要求担任此职，工作任劳任怨，为哈密地区文物保护工作做出了积极贡献。

自从当上文物看护员，阿克苏木·伊力亚斯就认真学习《文物保护法》，遇到不明白的地方就随时打电话向地区文物局专业人员请教，做了大量的书面笔记，同时向当地的长者们请教、了解当地历史。他还定期对西南一线各个时期的烽火台、古遗址、古墓葬等进行检查并做好记录，发现问题及时上报。凭着对文物工作的热爱，凭着"保护文物、人人有责"的责任意识，他的专业知识水平提高得很快。

作为基层文物看护员，阿克苏木·伊力亚斯深知责任重大，任务艰苦。白杨沟中游一线文物保护点众多，一个人的力量毕竟有限，为了让周边的村民都能了解保护文物的重要性，他利用既是农民又是文物看护员的特殊身份和语言便利等条件，积极向群众展开宣传。他知道，农民的文化水平都不高，他就先

阿克苏木·伊力亚斯接受证书

将这些法律、法规条款自己吃透，再用通俗易懂的语言讲解，使周围群众明白了保护文物是每个公民应尽的责任，谁都不可以随意破坏。经过长年累月的努力，他的宣传得到了大家的认可。

在文物看护工作中，阿克苏木·伊力亚斯做出了突出贡献。2008年11月8日，他巡查小泉子墓地时发现一座墓被盗，及时报告了地区文物局。2013年3月28日，他对卡拉亚墓地巡查时发现4人正在盗墓，立即打电话向当地派出所报告并驾驶摩托车追赶，但因路况很差，摩托车发生侧翻，盗墓贼逃走。这件事发生以后，他加强了对卡拉亚墓地的巡查。法网恢恢，疏而不漏。2015年1月26日，他在巡查卡拉亚墓地时，发现2人正在盗墓，立即打电话向派出所报案，并埋伏在周围，等民警赶到现场抓获了盗墓犯罪嫌疑人。目前，公安机关正在按法律程序立案调查，盗墓者受到应有的惩罚指日可待。

阿克苏木·伊力亚斯是哈密地区众多义务文物看护员中的普通一员。义务文物看护员们不管条件多么恶劣艰苦，都一心扑在文物保护工作上，像爱护自己的眼睛一样，在用心守护着祖国珍贵的历史文化遗产。

（新疆维吾尔自治区文物局）

贰

志愿维护文物安全

社会力量参与文物保护典型事例汇编

顾铠
退休骑行千里，只为身边文物

在北京市慈善义工协会开展的文物安全保护志愿服务行动中涌现出多名表现优秀的义工，有的成为了在文保办公室值班的专职义工，有的提出了颇有价值的建议，有的每天都不辞辛劳地奋斗在保护文物的第一现场。顾铠，便是其中的典型人物。

作为一名土生土长的北京人，顾铠多年前就开始关注文物保护及传统文化的新闻，并订阅相关报刊了解资讯。成为一名文物保护志愿者之后，每周二的文保办公室都能看到他工作的身影——接听电话，收取信件，走访巡视志愿者反馈上来的文

顾铠在三圣庵

顾铠在查询文物资料

物点情况，现场接待慕名前来报名的社会各界人士。

参加文物保护志愿行动至今，顾铠已骑行千余公里，拍摄文物500余处，走访巡查了东城、西城大部分文物点。在周末，他还时常走访其他区县文物点。每每看到文物遭到破坏，他都深感惋惜，心痛不已。他第一时间加入由北京市慈善义工协会与北京市文物局共同组建的"文物保护志愿者"队伍，利用空闲时间走街串巷，用照片和文字的形式将文物被破坏的情况记录下来，多次上报给文物保护部门，并得到北京市文物局的重视和反馈。

他未来的规划是走遍北京市全部文物点，将余热奉献给那些承载千年文化的历史遗存。在民间，有众多这样的"守护人"，传承着北京这座千年古都的历史和记忆。

（北京市文物局）

2 蔡剑锋、郑琦
文物保护、定级的积极践行者

2009年10月1日,《文物认定管理暂行办法》正式施行。办法规定公民、法人和其他组织以及所有权人可以书面要求文物行政机构对不可移动文物进行认定和定级。《办法》施行以来,极大地鼓励了各地公众参与保护城市文化遗产的热情。黑龙江

蔡剑锋、郑琦考察文物

文化遗产保护志愿者团队成员蔡剑锋、郑琦就是积极践行者。

2006年，在哈尔滨市仅存的一座中东铁路早期中西合璧式的铁路工房即将被拆除，蔡剑锋得知后，立即将这一消息举报给相关文物部门，并联合专家、媒体共同努力，使得这座传统建筑得到保护。与此同时，他还召集、组织本地文保志愿者开展历史建筑的拍记活动，记录时代变迁的同时随时掌握历史建筑的状况并向职能部门进行汇报。2009年10月，《文物认定管理暂行办法》施行后，蔡剑锋立即将多年来搜集整理的历史建筑资料以"不可移动文物定级申请书"的形式提供给文物部门，推动包括民国时期哈尔滨特别市市长官邸在内的历史建筑被公布为市级文物保护单位，并将相关资料提供给专家，准备参与哈尔滨第五批历史建筑的评审。

作为哈尔滨历史文化名城保护专家委员会委员、哈尔滨文物保护专家顾问组成员，哈尔滨铁路局退休职工郑琦多年来对中东铁路沿线主要站段、工厂、线路、桥梁、重要建筑物、兴工地点等实地调查走访，收集史料、进行研究，并将研究结果上报文物部门，为中东铁路沿线的历史建筑的整体保护提供了可靠依据。作为文保志愿者，多年来，郑琦协助文物部门对一些有重要历史价值的建筑物的认定和申报工作做了大量有益工作：提供资料、审阅文稿，协助文物部门做好文物地图的编制工作；参加中央电视台制作的十集电视片《中东铁路》和日本NHK电视台录制的有关反映中东铁路和日俄战争的电视系列片及地方新闻媒体的节目制作；参加扎兰屯中国首家"中东铁路博物馆"建馆方案论证和"哈尔滨铁路局博物馆"建馆文案的审定工作。

（黑龙江省文物局）

3 陈启加
活跃在金华文物保护战线十余载

　　陈启加是浙江省金华市收藏协会副会长、金华市民艺家协会委员、金华市美术协会会员,长期以来活跃在金华收藏界和文物界,多次个人出资修缮古建筑、捐献文物。

　　2003年,陈启加开始为位于酒坊巷84号的台湾义勇队旧址的保护修缮积极筹措、四处奔波。2006年,台湾义勇队纪念馆成立,陈启加被聘为顾问。2011年,台湾义勇队旧址被评为省级文物保护单位。

　　2004年,金华市东市街和旌孝街旧城改造拆迁时,陈启加发现三进三开间的清代道教文化建筑——三清宫被列入了拆

陈启加捐赠文物

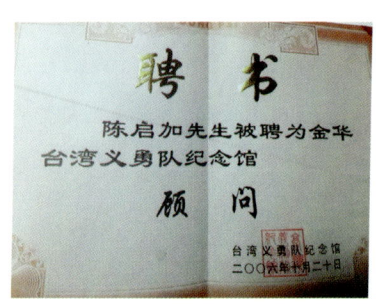

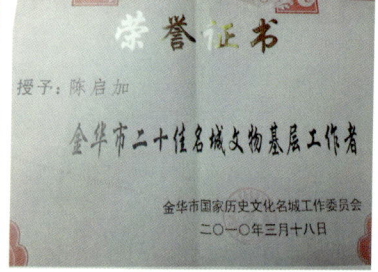

陈启加被聘为义勇队纪念馆顾问　　　　　陈启加被评为二十佳文物基层工作者

迁范围，遂积极向有关部门提出了保护建议，并取得时任政协主席李成昌的支持。目前，三清宫被列入金华市文保点，并进行了改扩建。

2010年3月，陈启加被评为金华市二十佳名城文物基层工作者。是年，他以志愿者身份在永康积极奔走，呼吁保护永康1700多年历史的古城，引起有关领导高度重视，使得永康西街古城获得较好的保护。

2014年，陈启加听闻金华市文物保护——澧浦镇植槐堂因年久失修濒临倒塌后，个人出资进行了抢修，保存了该幢建筑。

此外，陈启加还多次向有关部门捐献文物。2006年9月，金华古子城管委会改造八咏路东段、恢复拦路井和休文井时，他捐献了收藏多年的拦路井和休文井的井圈。同年10月，向台湾义勇队纪念馆捐献两件文物。2007年12月，为支持金华博物馆建设，他又捐赠了光绪金华知府继良楹联、石刻金华县知事公署布告、解放初期34块街巷门牌、东市街小井巷井圈等50件文物。

（浙江省文物局）

4 圣权法师
依法规划保护，制止违法乱建

安徽省安庆市迎江寺创建于宋开宝七年（公元974年），曾名"古万佛寺"。明朝万历四十七年（公元1619年），乡绅阮自华重新募建，明光宗御书敕名"护国永昌禅寺"。清朝初年重建，康熙二年（公元1663年），巡抚张朝珍修大殿和山门，至此迎江寺方成规模。以后续有整修扩建，终成沿江一带名刹。咸丰十一年（公元1861年）毁于战火。清同治元年（公元1862年）重建，名"迎江寺"，意为寺院迎长江而立。光绪二十四年（公元1898年），近代名僧月霞于九华山创办中国第一所佛教院校以后不久，即来到迎江寺担任方丈，在其住持期间，留下了著名的反对袁世凯称帝的"月霞方丈公案"。

1983年迎江寺被列为汉族地区佛教全国重点寺院，1984

圣权法师在办公

圣权法师考察维修中的古塔

　　年移交给佛教界管理使用。该寺由天王殿、大雄宝殿、振风塔、毗卢殿、藏经楼、人士阁、法堂、广嗣殿等建筑组成。天王殿、大雄宝殿建筑在高台上，十分雄伟，为硬山顶，小青瓦屋面。毗卢殿重檐歇山顶，黏土筒瓦，有发戗、提栈，无斗拱。藏经楼为现代式重檐歇山顶，小青瓦屋面，是近代寺院建筑。

　　2004年初，圣权法师担任迎江寺住持。面对寺庙内违法建筑众多且杂乱无章的环境，首先制定了"迎江寺整体规划"，并得到安徽省文物局、安庆市规划局的批准。根据规划，拆除了三道围墙、三栋房屋和一处走廊，重塑了迎江寺清净庄严的整体形象。

　　2006年5月，一家房地产开发商在距迎江寺不到80米的建设控制地带新建十栋17层的高楼。圣权法师发现后，立即向相关主管部门去函反映，要求依照文物保护法规，补充相应的文物主管部门申报批准程序，修改建筑规划，降低楼层高度。他带着电视台记者到省文物局、省建设厅上访举报，并向市中

圣权法师在迎江寺

级人民法院依法对安庆市规划局、房地产开发商提起诉讼，迫使开发商停工，规划局重新审议修改建筑方案，降低楼层高度，并出具了今后依照《文物保护法》执行的承诺函。2014年，中国文物保护基金会在北京举行第七届"薪火相传——寻找文化遗产守护者年度杰出人物"颁奖典礼，圣权法师被评为"文化遗产守护者年度杰出人物"。

（安徽省文物局）

5 三明"五老叟"
万寿岩遗址的守护神

万寿岩遗址为我国华南地区最早、最重要的旧石器时代洞穴类型遗址，为全国重点文物保护单位，习近平同志两次批示保护。万寿岩遗址今天的殊荣与遗址所在地"五老叟"的执著保护密不可分。

1998年，万寿岩还只是一座石灰岩孤山，在岩体船帆洞内曾调查发现过哺乳动物化石，灵峰洞内曾有宋代寺庙遗迹。因为万寿岩为三明市钢铁厂矿山开采基地，每日炮声隆隆，开采不断，岩体日渐损减。为避免洞穴被炸、遗迹将不复存在

万寿岩遗址

的厄运，当地已退休多年的五老叟（陈蕃发、王远耀、邓贵凤、王远林、王月明）组织当地数十人成立万寿岩护卫队，顶着多方压力，日夜守护。同时，五老叟还写了一份《抢救岩前文物古迹呼吁书》，到有关部门奔走呼号。

在此后的两年时间里，经过五老叟艰难曲折的努力，万寿岩的命运发生转机，时任三明市长的蔡奇作出批示，并召开专题会议对万寿岩遗址保护工作制定了有力措施；国家、省和市文物部门相继派出专家到岩前实地勘察；省文物局指派专业队伍开展考古发掘；考古学泰斗贾兰坡院士亲笔题写"这个遗址很重要，必须保护"。时任省长的习近平作出了重要的批示，明确指出：任何单位和个人不能只顾眼前利益而牺牲子孙利益，要认真保护好这处珍贵的古人类遗址。

如今的万寿岩遗址绿草如茵、繁花似锦，一座高大的万寿岩遗址博物馆在遗址旁落成。在五老叟保护文物的精神感召下，当地村民十几年来一直在呵护着万寿岩遗址的发展与变化。2002年，万寿岩遗址博物馆正式成立。万寿岩以深厚的底蕴及崭新的风貌吸引着众多海内外学者、游客前来参观、探秘、解读。

（福建省文物局）

6 彭保红
一个退休女人的梦想

高楼林立的紫荆山路上，紧邻郑州商城遗址南城墙的书院街里，有一户门牌上写着"书院街112号"，这就是郭家大院。大院建造于民国二十一年（公元1932年），被誉为"郑州最后的四合院"。

2013年，郑州市规划修建地铁2号线。在未征得文物部门同意的情况下，将这座四合院圈入施工区。四合院面临被迫拆毁的命运，原因是院子的一个角在郑州地铁二号线东大街站疏散用地内。彭保红知道这一消息后，于5月23日发出了这样一条微博："四十万火急！郑州最后一个四合院也要拆迁！这可是管城区文物保护单位！郑州，你真的容不下一间老房子？"该微博随即被网友大量转发并引起众多媒体关注。随着中央电视台记者对保护郭家大院事件的深入采访，郑州地铁最终宣布将调整方案，偏移一个车道以避开郭家大院，风口浪尖中的郭家大院得以保留下来。

事件发起人彭保红今年51岁，是河南省光山县北向店乡小张港村人，现居郑州。前几年从工作单位内退后，她一直想找点有意义的事做，一次偶然的机会，她成为一名环保志愿者，而后在环境保护的过程中发现自己对古民居、古村落的保护更加迷恋。2012年10月，彭保红开始关注古民居、古村落。在三年时间中，她已经跑过百十个古村落。

说起保护古民居、古村落的初衷，彭保红说："我觉得，在时间的长河里，我们人类都是渺小的过客，唯有文化是永久

彭保红为游人讲解古民居历史

的。每次看到那些古村落、古文物，就能让我联想到很多往事，站在村子前，我会静静地想想以前村民们的东家长西家短，他们的家族变迁，他们后人在那里所寄予的情感，我就会感慨万千，燃起保护它们的欲望。如果没有了这些古村落，我们会淡忘历史，我们的后代更无从怀念。我想这就是我的初衷，我们需要怀念，需要有印记引领我们怀念。"

说起心愿，彭保红说："保护古村落，就是在保护历史，可以让我们希望和回望的时候，面对的不是一片钢筋混凝土，不要让我们的内心虚无。为了这样的共同目标，已经有一部分人被我感染，加入保护的队伍。未来我也希望有更多的人可以参与进来，人越多，保护的也就越多，这是我最大的心愿。"

（河南省文物局）

7 巴桑旺堆
科研、保护两不误

巴桑旺堆，西藏日喀则市人，现为四川大学中国藏学研究所客座教授、四川大学中国藏学研究所学术委员会主席、西藏社会科学院研究员、西藏大学研究生导师、享受国务院特殊津贴专家。曾任西藏社会科学院历史研究所副所长、民族研究所所长、国际藏学会理事。1981年至今从事藏学研究。1993年以来先后任英国剑桥大学、美国哥伦比亚大学、奥地利科学院、奥地利维也纳大学访问学者。巴桑旺堆的主要研究领域是古代藏族史，先后出版发表藏汉英三种文字的专著和论文几十篇（部）。其中有三项学术著作获得国家级最高奖《珠峰》二、三等奖。

在长期从事藏学研究的同时，巴桑旺堆对西藏的文物保护工作也高度关注，倾力而为。

1997年，巴桑旺堆就山南地区乃东县吉如寺所保存的吐蕃及11~12世纪的古佛经写本的文物价值接受了新华社记者的采访，并在西藏电视台《在西藏》栏目向社会介绍了相关情况。后筹集4万元赠送给山南文物局用以保护该寺文物。

2004年，巴桑旺堆就拉萨市北郊汉族墓地的历史沿革、保护措施撰写专题报告并呈交了有关部门，后得到采纳，相关保护措施和经费得以落实。

2005年，巴桑旺堆就拉萨市林周县杰拉康寺珍贵弥勒石雕像的保护问题向自治区文物局呈送了报告，文物局及时拨给了5万元保护费。

2007年，巴桑旺堆就山南地区隆子县仲嘎曲德寺珍贵佛

贰 志愿维护文物安全

巴桑旺堆在翻阅资料

经写本保护问题向自治区文物局呈送了报告，文物局根据他的报告及时拨付了保护经费。

2010年，山南地区措美县一残塔中发现大量珍贵古写本，为保护写本，巴桑旺堆申请北京中国藏学中心的资助，向措麦县民宗局赠送了1.5万元。

2011年，鉴于山南地区隆子县喀丁寺珍贵11~13世纪藏文古写本急需保护，巴桑旺堆个人赠送寺院1.5万元保护费。

2012年日喀则市吉隆县汝村发现

250余部早期珍贵的佛教写本，但保存条件极差。巴桑旺堆从自治区民宗委申请了5万元保护费。

2014年，巴桑旺堆就日喀则市定日县协噶曲德寺的历史沿革、宗教地位、文物保存情况向自治区文物局呈报学术调查报告，最终使该寺进入第三批自治区文物保护单位名录。

同年在拉萨火车站附近吐蕃石刻遗址面临破坏之际，巴桑旺堆就其历史地位、学术价值和亟需保护的情况向自治区文物局呈报了学术调查报告，同时西藏电视台、拉萨电视台相关栏目向社会介绍该遗址的历史及相关情况，最终使该遗址被列入第三批自治区文物保护单位名录。

（西藏自治区文物局）

8 重庆文物保护志愿服务队
文保志愿者在行动

重庆文物保护志愿服务队成立于 2012 年，是由重庆市文化遗产研究院和历史文化名城专家委员会组织成立的第一支民间文物保护队伍，其目的是作为文物部门的补充，更好发挥社会和民间力量的作用，对重庆市目前现有文物进行保护和传承，发现新线索并协助文物部门做好保护与研究工作。

志愿服务队根据人员专业特点，分为活动策划组、联络组、摄录组、文字组、协调组。一是开展重庆市老街文物实地调查，全面梳理重庆历史文化名城各片区的文物和典型建筑，拍摄留

重庆文物保护志愿服务队走进考古现场

文化遗产宣传进社区

取图片资料，对全市文物保护单位和文物点进行核对，发现文物线索立即报告当地文物部门。二是协助参与开展重庆市历届文化遗产宣传月活动，开展文物保护宣传进学校、进社区、进企业。开展文物保护志愿服务队培训会，熟悉文物保护法律法规和保护流程。三是走进文物保护现场。参与全市文物考古发掘志愿服务活动，协助进行考古发掘。四是通过重庆考古网、三峡论坛等网络平台，向文物部门提供了大量线索。如从事IT工作的袁树，在一处建筑工地发现了瓷片痕迹，发帖呼吁抢救，考古专业人员收到信息后，立即到现场勘察，发现了两座珍贵的宋代窑址，并发掘出土了一批黑釉瓷碗、盏、碟等完整的宋代器物。

（重庆市文物局）

叁

集体组织保护文物

社会力量参与文物保护典型事例汇编

河北朱营村
群防群控、众志成城

朱正色（公元 1539~1606 年）是河北省南和县朱营村人，明万历甲戌科进士，官至宁夏巡抚、右副都御史。

朱正色去世后，葬于家乡南和县朱营村。其墓占地 51 亩，规模之高，在明朝同僚中绝无仅有。现为河北省重点文物保护单位。

近年来，由于受利益驱动，文物贩子经常光顾朱正色墓，文物破坏及失盗现象非常严重。为确保朱正色墓的安全，朱营村群众在村党支部书记朱进考的领导和组织下，采取多种措施，

朱正色查看墓区非正常破坏现场

同犯罪分子进行较量。

朱正色墓地处荒郊野外，极易受到犯罪分子觊觎。1998年除夕夜，犯罪分子用炸药炸开了朱正色墓。虽然正值除夕，但村民的警惕性仍然很高，爆炸声刚过，村支书及许多群众拿着棍棒等及时赶到了墓地，迫使犯罪分子狼狈逃窜。一个多月后，犯罪分子卷土重来，开着吊车，带着作案工具，组织了十余人趁天黑星稀又来盗墓，被村巡夜人员及时发现。巡夜人员一边通知村支书及群众，一边报告县公安局。在公安人员及广大群众的共同围堵下，将犯罪分子当场抓住6人，保护了文物安全。

为求保护长久之计，朱营村党支部专门成立了朱正色墓保护小组，自筹资金在墓旁建设了3间管理办公室，派出2人专门看护，24小时从不间断，并投资70余万元，安装了监控设备，

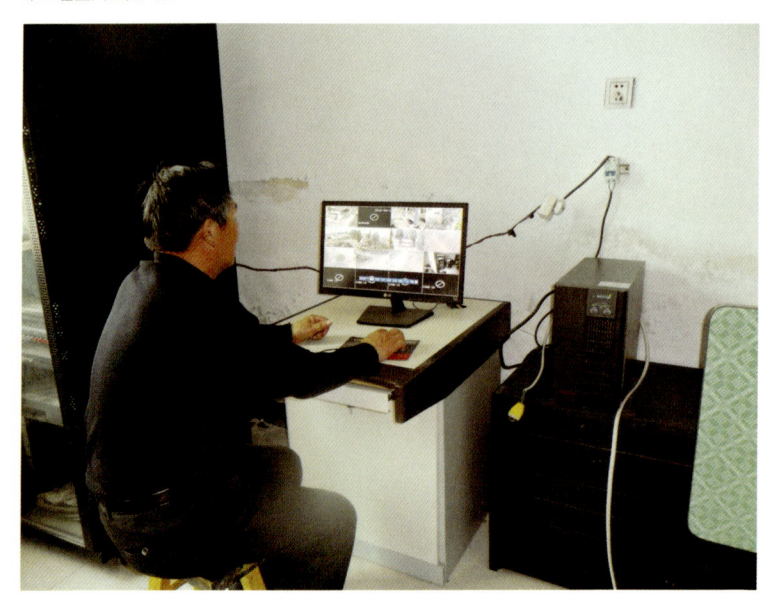

朱正色查阅监控回放

朱正色等人记录可疑车辆

　　凡外来人员及车辆，逐一将车辆号码、时间、人数登记在册，实现了齐抓共管的监管机制。

　　村里还发动群众义务工 100 余人，开展了朱正色墓环境治理工作，并编制了墓地保护规划。按照修旧如旧原则，在原墓地基础上进行改造工作，重立神道碑，恢复原文臣、武将、石狮、石虎、石马、石羊、石鹿等石雕，达到了较好的效果。

（河北省文物局）

2 浙江牌楼村
村干部主动为公打捞文物

2014年3月22日上午,浙江省平湖市新埭镇牌楼村村委会主任金雪良、村支部副书记赵谷明以个人名义联合出面,发动当地村民,组织技术力量,在平湖市文物保护单位"溪漾指挥坟"原址附近,成功打捞起了"文革"至今一直沉埋于池塘底的明代翁仲2件,分别是明文官石像1座、石龟趺1座,并在原地安装。平湖市文保所派人到现场进行指导。

原地安装文官石像

挖出石龟趺

　　溪漾指挥坟系明朝都指挥陆炳的衣冠冢，史载"陆炳，嘉靖三十一年（公元1532年）武进士，救世宗有功，升为都指挥同知，掌锦衣卫，三十九年（公元1560年）卒，谥忠诚伯坟"。陆炳墓位于老鸦浜东，据知情人回忆，这里原建有墓园，周围有砖砌围墙，北侧为衣冠冢，南接神道，两侧分列文官、武官、石马各1对；南有十二生肖像各1座；墓园入口处有石牌楼，外有石狮、石龟各1对。"文革"时牌楼被毁，多件石翁仲佚失，现存石翁仲2座、文武官像各1座、石马2匹、石龟趺1座，头部均被砸毁。2010年2月10日，溪漾指挥坟被平湖市人民政府公布为平湖市文

打捞、安装现场

物保护单位。

此次所发现石像,尽管头部被毁,仍造型生动,形态逼真,线条浑圆流畅,惟妙惟肖。对研究明代墓葬文化和石像生工艺水平提供实物,具有重要的文物价值。

(浙江省文物局)

3 广东松塘村
村民集体保护古村落

松塘村位于佛山市南海区西樵镇上金瓯村委会。宋理宗（公元1225~1264年）年间，区氏始祖区世来从南雄珠玑巷南迁至此，至今已有近八百年历史。2010年12月成为国家级的历史文化名村。

松塘村倚冈列建，百巷朝塘，自然环境优美。以"奉直"、"培元"、"致和"、"忠心"等古老坊巷为肌理，为数众多

的宗祠家庙、家塾书舍、镬耳屋民居、古井古树等点缀其间，构成完整的历史风貌。

松塘村文风鼎盛，人才辈出，仅在明、清两代考取进士者五人，行伍出身而晋身府台者一人，考中举人以及获颁优贡者近二十人。其中，区玉麟、区谔良、区大典、区大原四人入职清代翰林院，故松塘村有"翰林村"之美誉。至近代，又有革命先驱区梦觉等。这些历史名人的府第、故居都保存完好。

在20世纪红红火火的年代，松塘人尚能保存祖宗的祠堂、书舍社学，故"明德书声"还在。在工业化的大潮中，没有把古村四周的山冈平了去建厂房，故"三台献瑞"还在。筑好了塘基，把村中的池塘保护下来，故"横塘月色"还在。还有20世纪80年代的"松塘联队文化室"，21世纪初的"文明建

修复老房子

设"……桩桩件件，你会感受到松塘人古村保护的执著与热情。

在各级政府的支持下，2011年，松塘村内的八口池塘完成清淤。2012年，村内排污管网完成了铺设；村内的绿化景观工程进行了提升。2010年起，村民自发捐资二百多万元，成立"翰林文化基金"，重修孔圣庙，建翰林门，用村民捐建的旧石板铺砌几千平方米的翰林广场，发动在外村民回乡修复老房子……古村的文化，在当代的松塘人得到了传承。

佛山市政府提出"将城市升级向乡村延伸"的战略，活化升级古村落，为古村的保育活化，增添了新的活力，注入了新的内涵。随着中央电视台第4套节目百集纪录片《记住乡愁》之《松塘村——明理养德》播出，松塘古村被越来越多人认识。

（广东省文物局）

4 山东上九山村
保护古貌，传承文明

上九山古村保护是山东省"乡村记忆"工程实施过程中涌现的典型事例，也是当地政府与相关部门调整农业结构、保护生态文明、建设美丽乡村成果的典型代表。

上九山村位于山东省济宁市邹城市石墙镇西南8公里处，原是置身山怀、交通不便、经济落后的普通小山村。近年来，在上级政府及部门的支持下，围绕古村保护与特色资源开发等工作，石墙镇积极保护和整合上九山村现有的丰富资源，留住了古村风貌，保护了农林生态，挖掘了特色文化景点，打造了以乡村、民俗、休闲游为主要特色的上九古村景区。

上九山古村街道

上九山古村全貌

　　上九古村的整体保护和开发工作涉及面广，开发难度大，在争取上级扶持、开展群众工作的基础上，当地政府及村委会依托当地的石屋、石墙、石槽等丰富的石村风貌，围绕传统建筑修缮、古村落保护、乡村文明传承、农林生态维护等工作，积极开展前期规划设计，筹建了济宁市上九旅游开发有限公司负责村庄保护开发，通过招商吸引了四川金盆地集团公司投资。

　　上九山古村保护开发项目以"望得见山、看得见水、记得住乡愁"为理念，着力展现孔孟文化影响下的乡土风俗文化。该项目规划面积 6000 余亩，分两期建设。一期投资 1.2 亿元，坚持修旧如旧，恢复古村生活场景，再现各类作坊工艺，完成

上九人家

了古村院落 200 余座传统民居保护修缮，郑家胡同、肖家胡同等四个特色胡同和一条水街的恢复，完成了酒道馆、玄帝庙、茶坊、古戏台、古井、廊桥、孝贤院、老学堂、车马店等修复与建设。同时完成了旅游连接线、停车场、游客接待中心及玫瑰生态园等配套设施建设。二期工程计划投资 2.4 亿元，重点建设千亩红枫园、草莓种植园、农耕体验园、石海地质公园以及水上游乐项目，力争利用三年时间把上九山村建成集民俗展示、文化展览、影视拍摄、休闲观光于一体的特色旅游胜地。目前，上九山古村景区已开通旅游专线，即将正式对外开放。

（山东省文物局）

5 四川建川博物馆
非国有博物馆的典范

叁 集体组织保护文物

建川博物馆位于四川省大邑县安仁镇，占地500亩，于2004年12月开工建设，2005年8月15日对外开放，建筑面积近10万平方米，已建成开放了抗战、红色年代、地震、民俗四大系列26座场馆。

建川博物馆开馆近十年来累计接待观众900余万人次，成为了传播先进文化、弘扬抗战精神和抗震救灾精神、传承民族文化的重要场所，成为一张亮丽的文化名片。由于成效显著，

飞虎奇兵馆

获得了国家文化产业示范基地、国家 4A 级旅游景区、2015 全国最具创新力博物馆、全国先进社会组织、全国光彩事业重点项目等荣誉称号。

2005 年 8 月 15 日开馆时，建川博物馆仅开放了 7 座抗战主题系列场馆。近十年来，通过不断加大资金投入，建川博物馆以平均每年开放近 2 座场馆的速度推出基本陈列展览，现已建成开放了抗战、红色年代、地震、民俗四大主题 26 座场馆。为纪念抗战胜利 70 周年，今年还将推出日本侵华罪行馆。此外，还完成了红色年代大事记馆、七十二行陈列馆、江湖帮派文化陈列馆等馆舍的建设，正在筹备陈列布展工作。

建川博物馆非常重视藏品的征集和保护，每年投入数百万元用于这方面的工作，仅藏品库房就有近 6000 平方米。收集

中国壮士群雕广场

叁 集体组织保护文物

樊建川向客人介绍博物馆情况

的藏品主要包括抗战、民俗、地震、红色年代、改革开放五大类，囊括从辛亥革命到改革开放的百年中国史。目前经鉴定确认的一级文物165件（套）、二级文物65件（套）、三级文物596件（套）。同时，已登记在册藏品2399767件，还有数百万件藏品未登记。

建川博物馆位于属于农村地区的大邑县安仁镇，它的建成和开放有效带动和推进了古街、公馆、庄园、农业园区

收集 5·12 汶川地震文物

的开发经营,使安仁镇成为特色鲜明的文化旅游点,成为了国内目前唯一的"中国博物馆小镇",促进了安仁镇作为全国"优先发展重点镇"的经济发展,解决了3000多人就业,带动了第三产业发展,有力地推进了城乡一体化进程和新农村建设。

建川博物馆作为非国有博物馆的先行者之一,与时俱进、创新工作,走出了一条非国有博物馆参与文物保护事业的新思路和新途径。

(四川省文物局)

6 甘肃三角城村
建起了村办博物馆

甘肃省金昌市金川区三角城村委会配合金川区文管所，常年致力于三角城遗址文物保护工作，为金川区文物征集、保护和三角城遗址的管护等工作做出了突出贡献，是金川区田野文物保护单位的一线主力军。

2011年，三角城村委会在原村支书聂维祥的努力协调下，筹集到资金42万元，建起了甘肃省第一家由村委会创建的文物遗址展览馆——三角城遗址展览馆。村委会还成功举办了文

三角城遗址展览馆开馆仪式

颁发文物捐献荣誉证书

物征集捐献活动，为金川区博物馆征得文物 300 余件。在三角城村委会的支持下，区文广局聘请当地有较高文物保护意识的村民成立了三角城遗址业余文保五人小组，协助三角城遗址的日常管护、文物保护和区博物馆文物征集等工作，这个小组曾配合文物执法人员抓获文物贩子并迫使其交出了相关文物。三角城村委会联合区文管所成功申报了三角城遗址周边拉铁丝保护围网的项目，并组织村民义务拉运水泥桩、铁丝，打桩、拉围网。

2014 年，三角城村民郭文政被甘肃省文物局表彰为"省级优秀文保员"。

（甘肃省文物局）

7 新疆喀格恰克村
坎儿井来水了

喀格恰克村位于新疆吐鲁番盆地西南部，现年 50 岁的肉苏力·司马义从小就生活在这里，他称"自己是喝坎儿井的水长大的"，对坎儿井有着深厚的感情。村里拥有 5 条坎儿井，他说年轻时这些坎儿井是当时全村 3000 多人生产、生活的重要水源。近 30 年来，随着生产力的快速发展，经济和人口的急剧增长，对水的需求日益扩大，造成坎儿井补给水量急剧衰减。坎儿井开始出现断流、干涸的现象。他看在眼里，急在心头。2010 年当选村委会主任后，他将维修坎儿井当做自己的新使命和主要工作，上任初始就安排一名支部委员专门负责坎儿井的维护工作，组织村民掏捞维修坎儿井。但是简单维修一条坎儿井需要耗费一两年时间，花费三四万元。由于人力、资金有限，村子的坎儿井维修举步维艰。这些事是肉苏力心中难以言说的痛楚。

2010 年 12 月 15 日，坎儿井被国家文物局列入《中国世界文化遗产预备名单》，随后坎儿井保护与利用工程启动，国家计划投入 3 亿元分期对吐鲁番地区现存的有水坎儿井进行维修加固。肉苏力听到这个消息后兴奋的难以入眠，政府出钱抢修让他看到了希望，第二天他便赶到地区反映喀格恰克村的情况，急切要求拨款维修村里的坎儿井。通过肉苏力书记的争取，村里玉素甫·坎儿井等 6 条坎儿井被列入维修加固计划，政府五年内分批划拨 302 万元维修资金。获得资金后肉苏力书记亲自参与、动员、组织村民 36 人参与修缮加固工程，经过两年

村民维修坎儿井

的努力，2014年，喀格恰克村的6条坎儿井如期完成了维修加固，可灌溉2000亩土地，约占全村耕地的三分之一，是维修之前灌溉量的两倍。

干涸的坎儿井活过来了，肉苏力古板的脸上露出微笑。坎儿井来水了，农民的葡萄、杏子、枣树都浇上了水，收入增加了，村民脸上笑容多了，都说党和政府好。肉苏力心里也很高兴，觉得没有辜负乡亲们，现在他一有时间就会到井口转一转。

（新疆维吾尔自治区文物局）

肆

无偿捐资保护文物

社会力量参与文物保护典型事例汇编

丁磊
捐巨资保护敦煌石窟

丁磊现为网易公司董事局主席兼CEO，他在商业上取得巨大成功的同时，又热衷于公益事业和中国传统文化的保护和弘扬。

丁磊深爱敦煌文化，多次到过敦煌，非常关心敦煌石窟的保护事业。在2013年9月9日开启了"灿烂敦煌易起传扬——网易游戏敦煌保护基金启动仪式"，当场捐赠了300万元作为启动基金，并真诚呼吁大家保护敦煌宝藏，传递中华文明。为彰显他对传承和保护敦煌文化做出的贡献，敦煌研究院、中国敦煌石窟保护研究基金会共同授予丁磊"敦煌文化大使"荣誉称号。丁磊的捐款中100万元已分别用于莫高窟第285窟和130窟的图像采集项目，剩余的200万元将继续用于莫高窟的数字化项目，这些善款将为敦煌石窟的保护和"数字莫高窟"的建

敦煌壁画数字化图像处理工作　　　　　　　敦煌研究院接受捐赠

设作出积极的贡献。

丁磊及其领导下的网易公司资助敦煌文物保护事业这一举动得到了全社会的称赞，并且通过其先进的技术在互联网平台大力宣传和弘扬敦煌文化，在互联网上形成了一次学习敦煌文化的热潮，使越来越多的人关注并参与到敦煌石窟的保护行动中。通过以丁磊先生为代表的关心热爱敦煌石窟的社会各界有识之士和爱心人士的帮助，敦煌艺术定能久远传承，敦煌文化定能薪火相传、发扬光大。

（甘肃省文物局）

2 彭建忠
维修保定古建筑的民间出资人

彭建忠，河北省保定市人，1956年2月出生。原系保定军分区后勤部部长，2003年4月响应国家号召，自主择业。现为河北省保定大地房地产开发有限公司董事长，保定市收藏鉴赏家协会会长。

作为老保定人，彭建忠对保定古城有着深厚的感情。多年来，他一直非常关心保定市的经济建设和城市建设，对保定古城的文物保护工作做出了突出贡献。彭建忠于2013年出资200余万元完成市级文物保护单位杨继盛祠堂的维修，并准备投资1.6亿元，完成市级文物保护单位城隍庙的维修及环境改造工作。

杨继盛祠堂位于保定市区皇华馆街，是市级文物保护单

城隍庙

位。维修前的杨继盛祠，院内居民私搭乱建，成了大杂院；建筑全部坍塌，门窗破损，墙壁倾圮。2013年，借文物部门出台引入社会资金修缮文保单位政策的东风，彭建忠出资200余万元将此祠落架重修。经过一年的维修，杨公祠浩然屹立，成为后人追思先贤、敬仰缅怀之地。施工时，这里出了土7通石碑，基本按原位置进行安放，保留了原有风貌。目前，杨继盛祠已经对公众免费开放。

  城隍庙位于保定市市府前街，是市级文物保护单位。彭建忠准备投资1.6亿元用于城隍庙修缮及环境整治。城隍庙被古城宾馆和民居包围，要保护城隍庙，就要拆除古城宾馆（古城宾馆为国营单位，目前没有经营），安置宾馆员工。经过保定市政府组织协调，目前《城隍庙保护规划》已经通过市政府审批，东侧城隍庙作为文物用地，免费开放。西侧用于商业开发和商业用地。彭建忠出资5000多万元用于安置员工和拆迁工作，3000万元用于城隍庙文物维修及周边建筑恢复。城隍庙的修缮工作，目前正进入维修方案编制阶段。

（河北省文物局）

3 黄文生
西海龙王庙的认领保护人

黄文生是山西省曲沃县人大常委、县工商联主席,农民企业家。2010年10月,曲沃县人大常委会出台了《古建筑认领保护暂行办法》后,社会各界纷纷响应。时任曲沃县工商联主席的黄文生积极带头,认领县级文物保护单位西海龙王庙。

西海龙王庙创建于元代初年,占地面积23566.6平方米,曾是陈赓纵队解放曲沃指挥部所在地。维修前,该庙杂草丛生,腐朽严重,庙周围被垃圾包围,环境恶劣。当时,好心人都劝黄文生就此收手,别把多年挣来的辛苦钱砸进去。黄文生

维修后的西海龙王庙

维修后的戏台

没有理会这些，而是坚持认为，先辈们创造的灿烂文化不应该在我们这辈人手中失传。他一如既往地进行着自己的爱心行动，投资600万元，委托省古建所编制了维修保护规划方案。经过三年的规范施工，完成了对龙王庙大殿、献殿、东西道院内三清殿和思德祠维修，重建了戏台、东西山门、围墙，对院内进行铺墁，整修了四周道路及排水设施，开展了绿化工程。于2013年恢复了传统二月二龙王庙会，对社会开放。

与此同时，黄文生还积极引导有识之士，带头认领修复保护古建。一些民营企业家在他的带领和影响下，对认领保护古建产生了浓厚兴趣，经过多次实地考察，精心挑选自己中意的、适合自己认领的古建筑进行保护修缮，为保护文化遗产、促进经济增长，做出了积极的贡献。

（山西省文物局）

4 刘史明
积极参与家乡文物保护

肆 无偿捐资保护文物

山西泽州县位于太行山南麓，历史源远流长，文物遗存丰富，现有各级各类历史文化遗存 1611 处。近年来，泽州县认真贯彻执行"保护为主、抢救第一、合理利用、加强管理"的文物工作方针，夯实文物保护基础，稳步推进文物保护工作。同时，泽州县鼓励社会有识之士介入文物保护，提高文物保护的社会参与性，大力营造"政府主导、群众主体、社会主动"的社会保护文物的浓厚氛围，涌现出了刘史明、段小根等一批热衷于文物保护的社会人士。

刘史明是晋城市润华实业有限公司董事长、晋城市和泽州

修缮后的高都东岳庙

修缮后的高都关帝庙

县人大常委会委员，山西省"特级劳动模范"，"全国五一劳动奖章"获得者。长期以来，刘史明以高度的社会责任感和使命感，在自己创业致富之后，一直关心家乡建设，情洒父老乡亲，不仅慷慨解囊，进行修学助教、帮穷扶弱、修路等社会公益事业，还先后出资2000余万元，对家乡的东岳庙、玉皇庙、关帝庙等古建筑进行了保护修缮。此外，他还出资相助，使该县境内多处濒危文物古建筑得到了及时、有效的抢修保护，为保护文化遗产、传承地域文化做出了积极贡献，受到当地百姓交口称赞。

（山西省文物局）

5 赵金有
维修保护神泉黄帝庙

肆 无偿捐资保护文物

赵金有是山西曲沃县政协常委、工商联副主席、恒通铸造有限公司董事长。1997年10月,他创办了生产、销售离心铸铁排水管的专业公司,产品质量高,远销美国、加拿大、德国、马来西亚等国家和地区,并在美国、加拿大注册成立子公司,是当地赫赫有名、有口皆碑的出口利税大户。

赵金有不但是一个成功的企业家,而且也是一个有名的爱心人士,在自己富裕之后,不忘回报社会,立志报答乡亲。2010年10月,曲沃县人大常委会《古建筑认领保护暂行办法》公布后,赵金有先生积极参与,签约认领了神泉黄帝庙。这是

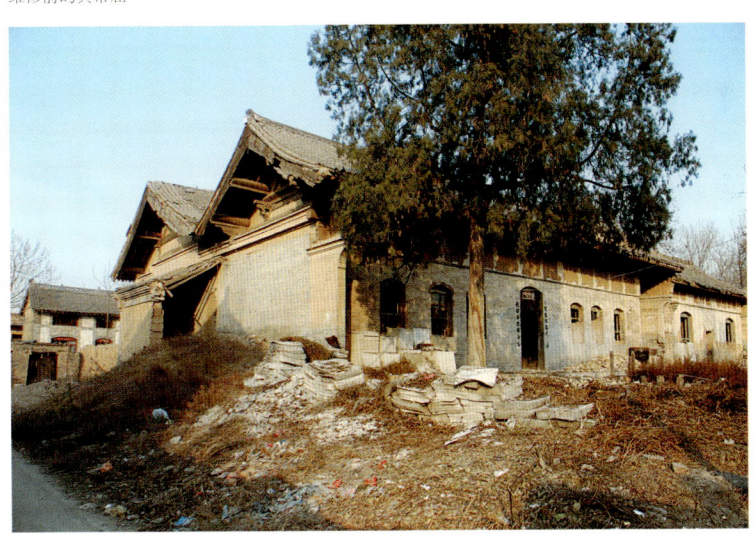

维修前的黄帝庙

维修中的黄帝庙

一座位于神泉村东北的庙宇，占地 1500 平方米，现存建筑多为明清遗构，年久失修，破烂不堪，对其进行维修保护不仅投入大，且技术难度也很大。赵金有没有犹豫，从企业资金中拿出 100 万元，请省城专家设计维修方案，并精心挑选专业工程队施工，历时一年，修缮完工对外开放。

此外，赵金有还投入 1150 万元资金，用于收集社会上流散的石雕艺术及古建筑构件，并利用曲沃古建筑大悲院创办了晋南石雕艺术博物馆，展出石雕艺术、墓志牌匾等 500 余件；同时还捐献两块唐代墓志铭给曲沃县博物馆。很多人都说赵金有"傻"、"憨"，认领文物是个"无底洞"，古建筑在 30 年的认领年份内肯定需要多次的维护和修缮，年长日久不说，且看不到回报，是有钱烧得慌。他说，做善事我没考虑那么多，文物古建又不是股票，不能靠这发财，不应该考虑回报。

（山西省文物局）

6 丹东港集团
出资开展水下文化遗产保护工作

2013 年，辽宁省丹东港海洋红港区启动建设。由于该海域曾发生过中日甲午海战，北洋水师 4 艘战舰沉没于此。作为日本首次侵华战争的发生地，海域中存留着重要的历史文物。丹东港集团从履行企业社会责任的角度出发，根据《文物保护法》的有关规定，积极主动向当地文物部门提出申请，并出资开展该区域水下文化遗产调查工作。

丹东港区水下文化遗产调查工作队从青岛出发

"中国考古 01" 首航丹东港

2014 年 4 月，国家文物局水下文化遗产保护中心在该海域发现了一艘北洋水师沉没战舰，命名为"丹东 1 号"沉船。同年 9 月，丹东港集团与国家文物局水下文化遗产保护中心签署合作协议，共同开展保护丹东海域的水下文化遗产工作。由丹东港集团出资并参与开展丹东港水下文化遗产重点调查工作，该工作取得了重要的成果。

国家文物局在 2015 年的重点工作中明确提出要做好"丹东 1 号"沉船的调查工作，丹东港集团继续出资支持国家文物局水下文化遗产保护中心开展该项工作。丹东港集团同时在出资筹备建设甲午海战博物馆，义务提供文物保护设施和历史研究、教育的公共文化场所。

（辽宁省文物局）

7 无锡华氏宗亲会
集资修复荡口华氏始迁祖祠

华氏始迁祖祠是江苏省文物保护单位荡口华氏建筑群中的一组,占地 3030 平方米,建筑面积 1457 平方米。该建筑始建于明崇祯六年(公元 1633 年),因迭遭兵燹战乱,年久失修,以致古祠损毁严重,祠貌不再;新中国成立后一直作为粮仓使用。

为继承与弘扬荡口华氏忠孝仁义、清白为人的优良传统,由无锡市华氏宗亲会、鹅湖华氏文化联谊会牵头倡议,当地政府支持,江苏省文物局同意,荡口华氏始迁祖祠于 2013 年 9 月开始重修。今年 4 月 2 日,祠堂正式竣工,同时举行了隆重

修复后的始迁祖祠

修复落成暨祭祖典礼

的修复落成暨祭祖典礼。

　　此次修复共花费人民币700余万元，其中大部分资金由华氏后裔自发筹集。现年97岁高龄的旅泰华人华仲厚老先生先后出资353万元，专门用于祠堂修复；此外，他还慷慨捐出家传的有关始迁祖祠的珍贵书画和文献资料，用于祠堂的陈列布展。修葺一新的华氏宗祠未来将发挥维系宗亲的作用，成为海内外华氏后裔文化交流、祭祖省亲的重要平台。同时，该祠堂也会对外开放，供市民参观，有望成为荡口古镇的一个新景点。

（江苏省文物局）

8 咸宁市咸安区
多方筹资维修保护古塔

笔峰塔又名慈恩雁塔、向阳塔，位于湖北省咸安市咸安区向阳湖镇宝塔村严家嘴山，始建于宋，后多次被毁。清朝道光戊戌年（公元1838年）时任县令夏廷樾从民间捐资重修。

笔峰塔为七层八角石塔，高28米，底边周长17.6米，门顶置横匾刻"直达蟾宫"四字，刚健奇绝，俊朗飘逸；塔中实以圆柱，塔底层北侧临门凿石为龛，龛顶外饰双龙戏珠，右饰丹凤朝阳，左饰吉祥如意；塔原每层飞檐角下悬铜质风铃8个，总计56个，每个约重2.5公斤，风吹铃响，悠扬悦耳，数里之外可闻。因历年锈蚀，最后1个铜铃于1966年被盗，今已无存。

笔峰塔是咸宁市现存最古老、保存最完好、造型最经典、

维修前笔峰塔周边景观

最具人文特色的石塔，为省级文物保护单位。最近一次重建后历经近200年的风雨侵蚀，塔顶、塔身、塔檐、塔基均出现风化断裂，塔身倾斜，风铃全失，杂草丛生，满目疮痍。为此，咸安乡亲和社会贤达纷纷要求修缮笔峰塔，以重振文脉，继续传承崇文崇学的良好风气。2012年，经咸安市委、市政府同意，咸安区正式成立笔峰塔修缮领导小组，委托相关专业机构，对笔峰塔进行了全面

维修前的笔峰塔

实地考察、评估，并就古塔的修缮、保护、利用制定了整体维修方案。截至2014年底，共向社会各界筹措维修资金1179.35万元。其中，共有31个单位捐资88.6万元，176名个人捐资1090.75万元，特别是鑫鼎集团董事长何文忠捐资300万元。区政府投入资金200万元。目前，已经完成塔身文物本体维修，塔台及周边环境整治绿化工作基本完成。未来，咸安区将分三期建成一个以塔为中心、融文物保护和旅游休闲为一体的笔峰塔文化公园。

为了确保笔峰塔的保护、管理和合理利用，咸安区政府于2014年11月公布了笔峰塔保护范围和建设控制地带，区文体新局制定了一系列管理工作制度，并聘请了文保员负责日常管理工作。届时，笔峰塔将以全新的面貌迎接八方游客。

（湖北省文物局）

9 谢光辉
传统家园的守望者

湖南娄底涟源市杨市镇是一座有千年历史的文化古镇，是湖南省历史文化名镇，拥有100多座古民居，其中有湖南省文物保护单位7处。

谢光辉心系家乡，目睹古民居日渐破败，心痛不已，他坚定信念，一定要把杨市古民居建筑群保护好，把杨市打造成湘中一道靓丽的风景。他放弃省城优越的工作环境，回到家

谢光辉走访古民居

余庆堂及周边景观

乡积极投入到古民居的保护中来。他积极倡导、策划，不辞劳苦地奔走于各古民居建筑间，了解情况、征求意见、大胆构思，发放宣传资料，制作形式多样的广告。如制作挂历、包装袋，或把本镇多处古建筑的名称制作到紫砂和瓷制炊具上。利用各种节日和群众性活动等进行宣传，唤起了民众对古民居的保护意识，动员社会力量参与古民居的保护。

　　为了实现自己的夙愿，谢光辉到处搜集古建资料，走访古建专家，摸索出了一套有地方特色的古建保护模式，即政府主导、企业投资、民间入股。他撰写的议案得到了政府的认同。2014年，娄底市人民政府正式将古建的保护维修列入了财政预算。

　　2012年，谢光辉投资50多万元，古民居住户以房屋作价入股的形式，修缮了余庆堂。如今的余庆堂已现新生机，成了

肆　无偿捐资保护文物

余庆堂

古镇旅游的一大亮点。几年来，他总计投资数百万元，采用合股投资方式进行古民居保护，也给当地居民带来了实惠。

近十年来，谢光辉收集各类文物近千件，成立了杨市古建文物展览馆，以期"让更多人懂得古建的价值，从而自觉投入到文物保护的行列中来"。

（湖南省文物局）

10 陈之迈
出资维护大型战国墓

2005年,台湾同胞陈之迈来汨罗山瞻仰汨罗山大型战国墓葬群(屈原墓)。出于对屈原的崇拜和对屈原文化的热爱,陈之迈毅然放弃在台湾的优越生活,于2006年携巨资来汨罗,申请对冲里赵4号战国墓进行全面维护和环境整治。

按照汨罗市文物管理所要求,陈之迈请文物保护专业队伍制定了4号墓维护整治规划,并向岳阳市文物处进行了汇报,

屈原像

汨罗屈原墓

同时上报湖南省文物局，得到同意和支持。同年，维护整治领导小组成立，4号墓全面维护整治工程正式启动。

维护整治工程历时近三年，于2008年完工。此次工程对4号墓周边进行了环境整治，修建了4号墓的墓围、祭台、屈原塑像、牌楼和诗碑走廊等，耗资200余万元。

冲里赵4号墓全面维护整治后，墓区常年向社会开放展示，成为人们了解东周时期丧葬风俗、鉴赏楚文化、学习屈原爱国主义精神的文化基地。

（湖南省文物局）

11 仓东计划
文化遗产保育、活化发展的推手

仓东计划，又称"仓东教育基地"，是热心遗产保育人士以探索文化遗产保育、活化发展及乡村建设为目的的公益性事业，旨在通过借鉴海外文化遗产保护与发展的经验，对广东省开平市塘口镇仓东村建筑进行保护修复及社区营造，鼓励当地居民保留当地文化，延续传统生活方式，最终达到文化传承的目的。

文化遗产的保育不是拒绝发展，更非凝固历史、阻止改变，而是在时代变迁中积极地去管理遗产改变的步伐，为更美好的将来保存社会记忆。因此，对村落的保护是对过往记忆的保存，而非仅仅保护某座漂亮的建筑。仓东计划以"传承质朴的生活方式、保存独特的人居环境"为发展理念及目标，着眼于传统乡村生活中的物质与非物质文化遗产的可持续发展。

从 2011 年开始，仓东教育基地在仓东村华侨谢天佑博士的资助下开始对传统建筑进行修复工作。2013 年，香港的邓华先生加入团队，开始资助基础设施建设和负责营运工作。

针对古村空心化严重的事实以及普通大众对文化遗产保育知识薄弱的现状，该计划的运营模式是通过引入教育、深度文化参访活动、相关内容的会议以及中外文化交流活动等，使人烟稀少的古村重获新生，并依托项目在村中的建筑修复活动进行遗产教育，使一些逐渐消失的传统和文化得以传承；在帮助当地居民营造传统社区的同时，更建立当地人对遗产的归属感及认同感；既给参访者提供体验与受教育的机会，又建立城市居民和农村居民之间的联系和尊重。对海外社区来说，使华裔通过参与项目而对家乡文化有更深的认识，建立根的感情，以延续海外华人与家国的联系。

迄今为止，仓东计划共修复祠堂2座、碉楼1座、民居1座、庙宇1座，新建公厕及公共小花园、菜园等活动空间。在仓东村的修复过程中，遵守真实性、完整性、可逆性、可识别性和最少干预等原则，始终贯彻"西安宣言"和"魁北克宣言"的精神，注重村落肌理的保护（historical setting）和地方精神（spirit of place）的保存，以期最大限度保持建筑原来的功能，同时兼顾住宿、教育、会议、文化展示等功能。因此，所有的修复都在尊重当地文化和建筑工艺的基础上进行，由当地工匠按照传统方法施工。在修复的过程中，村民始终有发言权，不少设计因为他们的建议而调整。

在建筑本体的修复、重建和建筑构件的修复等硬件设施完成后，仓东计划还花大力气加强软件方面的配套建设：继续口述史记录和建筑测绘、历史文献等资料的收集工作；展开村史文化研究，

1	2	
3	4	5

1　2014年1月22~26日，以开平学生为主的中学生文化遗产英文工作坊在仓东举行
2　原址重建的夫人庙
3　2014年4月22日，香港中学生到仓东村参加文化遗产保育工作坊活动
4　2014年12月27日，夫人庙重光庆典，村民在社稷坛拜祭
5　2014年11月修复完工的焕业碉楼（始建于1918年）

并在两个祠堂分别做了实物和图片展览,阐述仓东的开基历史与侨乡文化,以及仓东计划的修复理念、修复过程和教育基地的发展理念等;建立网站,制作了记录仓东计划发展过程的纪录片;出版了仓东村导览图、宣传单、仓东村主要建筑介绍等等有助于访客了解仓东的资讯。为了方便中外访客,所有的展览说明、出版物、网页和纪录片都为中英文版本。

2014年1~12月,仓东教育基地开始试运营,期间村中共开展大型活动十余次,既有由"仓东教育基地"主导的教育、深度文化参访和学术研讨活动,也有村民自己组织的喜宴和聚会以及祠堂庙宇的开光庆典等。

仓东计划希望通过这些实践来树立遗产保护的规范,以帮助那些关注文化遗产保育、注重文化传承的有心人展开相关的项目,让一些即将消失的本土文化传统得以保存和复兴;也希望村民能够建立文化自豪感,自觉参与保育工作,与来自各地的访客分享他们的生活经验,分享他们的生产生活方式;同时,随着项目的逐渐开展,村民可以获得就业机会并愿意留在村里,从而达到可持续发展。将来某日,遗产保育的种子也随着被培训者的足迹而在全国各地遍地发芽。

(广东省文物局)

12 袁兴泰
保护文化根脉的"袁爷"

甘肃省古浪县虽然是贫困县,但群众文化保护意识较强。生于1946年4月的袁兴泰,是武威市古浪县土门镇台子村村民,现为土门镇山陕会馆修缮会会长。当年,他看到家乡土门镇的三义殿、玉祖台、罗汉楼、山陕会馆等文物保护单位由于缺乏保护,损坏比较严重时,感到非常惋惜。为此,他毅然解散了自己苦心经营多年的建筑工程队,放弃了丰厚的收入,开始了由致富带头人到文物保护人的转变,一心一意对土门镇古建筑进行义务保护。

土门镇在全县中属于经济条件相对较好的乡镇,但在尚未脱贫的群众中募集维修古建筑资金是一件难上加难的事。为此,

修缮后的土门罗汉楼

修缮后的土门山陕会馆

他先是自己带头捐款,四处奔走,向经济条件较好的建筑业朋友募集资金。这些朋友们看到他们的带头人"袁爷"真心想做好这件事情,纷纷慷慨解囊,随即5元、10元、20元……村民们也开始有钱的出钱,没钱的出力,或捐款或出工帮忙。

1996年,他向社会筹资10万元,对罗汉楼就行了修缮;1997年,筹资3.6万元,对三义殿就行了修缮保护;2009年,筹资12万元,对玉祖台进行了修缮,2011年,筹资80万元,对濒临倒塌的山陕会馆进行了修缮。袁兴泰先后共筹资105.6万元,对土门镇现存古建筑进行了抢救性修缮,使这些古建及里面的塑像、壁画等得到了有效保护,为当地文物保护事业做出了贡献,2014年受到甘肃省文物局的奖励。

(甘肃省文物局)

13 香港敦煌之友
为了敦煌，募集资金

成立于 2010 年 5 月的"香港敦煌之友有限公司"是在香港注册的非营利性公益机构，目的是在香港地区宣传弘扬敦煌文化和石窟艺术，为敦煌石窟的保护、研究、弘扬以及敦煌研究院的人才培养和学术交流募集资金。

截至 2014 年年底，"香港敦煌之友"已募集资金人民币 1574.91 万元，通过中国敦煌石窟保护研究基金会向敦煌研究院捐款 1069.42 万元，用于敦煌石窟的保护、研究和弘扬；先后资助开展了 71 个洞窟的壁画数字化，完成了 32 洞窟的虚拟

"敦煌——说不完的故事"展览在香港文化博物馆举行

向守护者致敬——社会力量参与文物保护典型事例汇编

壁画数字化自动采集工作现场

漫游节目制作；资助改造窟区公共卫生间5座，改善了莫高窟的公共卫生设施；支持与香港城市大学开展"人间净土：走进敦煌莫高窟"数字展示项目合作，资助3人赴香港开展为期10天的"人间净土"展览技术的培训，参与由敦煌研究院和香港康乐及文化事务署主办的"敦煌——说不完的故事"展览，取得了良好的社会反响。"香港敦煌之友"一方面支持了敦煌研究院文物保护工作的开展，另一方面弘扬了敦煌文化艺术，在香港掀起敦煌热潮，让香港市民认识和体会到了敦煌的魅力，了解了博大精深的敦煌文化，对敦煌石窟艺术文化的恢弘博奥、瑰丽精微赞叹不已，对敦煌研究院工作人员七十年来为保护敦煌石窟、弘扬敦煌文化做出的贡献深感敬佩。

（甘肃省文物局）

14 孙蒋涛
克孜尔石窟壁画保护修复资助人

克孜尔石窟位于新疆拜城县克孜尔镇东南7千米明屋塔格山的悬崖上，南面是木扎特河河谷。它开凿于公元3世纪，在公元8~9世纪逐渐停建，延续时间之长世所罕见。1961年，克孜尔石窟被公布为第一批全国重点文物保护单位。

克孜尔石窟有4个石窟区，正式编号的石窟有236个，大部分塑像已毁，还有81窟存有精美壁画。现存壁画约10000平方米，内容不仅包括飞天、伎乐天、佛塔、菩萨、罗汉、天龙八部、佛本生故事、佛传故事、经变图画，还有大量的民间习俗画如古时的生产和生活场面、西域山水、供养人、飞禽走

克孜尔石窟壁画保护修复研究项目活动仪式

捐赠仪式

兽等，被誉为"中国第二敦煌"。

克孜尔石窟是新疆石窟遗迹中起点最大、保存最好的一处，也是中国西部最早的一处大型石窟群，石窟壁画最早开始于公元 3 世纪，比敦煌壁画还要早 300 年。但是由于风蚀、洪水、地震等自然原因以及人为的和历史的原因，壁画的破坏程度已是触目惊心。新中国成立以后，石窟的保护受到重视，除了政府投入外，也有很多社会机构和个人积极投身到石窟壁画的保护中来。孙蒋涛就是其中的典型代表。

为加强社会力量参与保护克孜尔石窟的推动作用，使社会各界有识之士加入到这一珍贵世界文化遗产的保护工作中来，

2013年11月，中国文学艺术基金会理事、澳门画家孙蒋涛向新疆龟兹研究院资助人民币100万元，用于公益项目"克孜尔石窟壁画保护修复研究项目"。

2013年12月1日，捐赠仪式在新疆龟兹研究院举行。100万元，是新疆龟兹研究院成立近30周年以来收到的第一笔来自国内的大额个人捐助。

孙蒋涛说："这次捐助主要是抛砖引玉，主要是想唤起中国文学艺术基金会和澳门基金会为保护龟兹研究艺术、弘扬中华文化做出更大的捐助而作自己的一点努力。同时唤起更多的单位和个人为保护祖国文化事业做出贡献。"

（新疆维吾尔自治区文物局）

15 青岛啤酒博物馆
工业遗产保护利用典范

青岛啤酒厂早期建筑始建于1903年,前身为日耳曼啤酒公司青岛股份公司。2003年由青岛啤酒股份有限公司全额拨款,累计投资4800万元人民币,利用日耳曼啤酒厂原址和原设备,在保持建筑的原有风格的基础上修整环境,按照"修旧如故"的原则将老建筑改造为青岛啤酒博物馆。

青岛啤酒博物馆早期建筑属全国重点文物保护单位,为国家二级博物馆。博物馆坚持"保护为主、抢救第一、合理利用、加强管理"的工作方针,将早期建筑修缮工作视为重中之

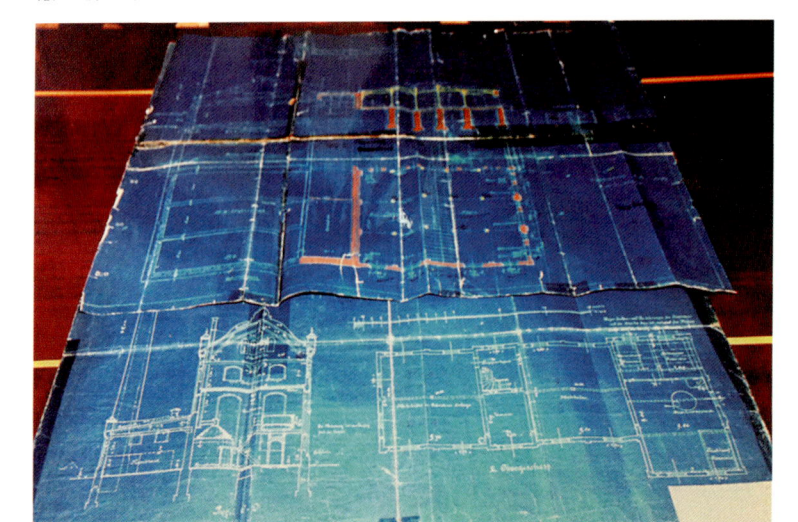

德国厂房图纸(1911年)

重，集资1000余万元投入早期建筑修缮工程中。同时公司十分重视档案、文物、藏品的搜集、保管与研究工作，档案库房有两处被定为国家一级。现有馆藏文物3万余件，其中一级文物7件（套）、二级文物3件（套）、三级文物11件（套），藏品内容丰富、品质多样、体系完整，具有极高的历史、文化、科学价值。

自2003年开放至今，青岛啤酒博物馆接待总人数达到500万人次，社会

青岛啤酒博物馆组织的志愿者活动

各界好评如潮，产生了较大的社会影响。为回报社会，博物馆开展了多项公益活动。博物馆志愿者全年人均服务时间达256小时；全年节假日举办大型惠民活动20余场；关注未成年人成长，与学校合作开展科普课堂，青少年观众达2.6万人次；举办临时展览，免费向社会公众开放；对老人、残疾人、军人、未成年人等长年实施半价优惠政策，儿童免费参观。2014年，青岛啤酒博物馆参观量达56万人次，讲解团队年平均讲解12000场，免费讲解1200场，得到中外来宾的高度评价。

百年青啤，百年青岛，青岛啤酒已经成为青岛市的一张闪亮的城市名片。

（山东省文物局）

伍

个人捐赠、上交文物

社会力量参与文物保护典型事例汇编

曹其镛夫妇
捐赠中国古代漆器

香港永新企业集团副董事长曹其镛先生及夫人曹罗碧珍女士醉心于中国古代漆器艺术品收藏。30多年来,他们不吝资财,足迹遍布世界各地,收集了众多艺术珍品。

2012年,曹其镛夫妇本着热爱家乡、报效桑梓的赤子之心,将珍藏多年的160件漆器捐赠给浙江省博物馆永久收藏。经浙江省文物局组织国内权威专家鉴定,珍贵文物达154件,其中一级文物21件,二级文物118件,三级文物15件。这批赠品中的宋元时期一色漆器、明早期剔犀漆器、明嘉靖万历戗金填漆漆器、清乾隆宫廷漆器都是极为珍贵的文物精品,元代雕漆名家张成创作的剔红婴戏图盘更是堪称国宝。

浙江省人民政府表彰曹其镛夫妇

"张成造"剔红婴戏图盘（元）

浙江省人民政府为表彰曹其镛夫妇的无私义举，向其颁发了奖励证书和1000万元奖金。在2014年的浙江省博物馆漆器艺术馆开馆仪式上，曹其镛夫妇又向浙江省博物馆捐赠了一件雕漆舫式香盒，并将浙江省政府奖励的1000万元捐出，用于设立"浙江省浙博漆器研究基金会"，以促进对于中国漆器系统、深入的研究。

（浙江省文物局）

2 马绍彬
发现石碑主动报告文物部门

马绍彬是吉林省集安市麻线乡麻线村五组村民,近些年在家里种植葡萄、五味子。2012年7月29日,马绍彬在麻线河里寻找大石块为自家葡萄架拉铁线用时,发现一块扁平的大石块斜插在岸边。挖掘出来后,他发现是一块形状规整的大石板,觉得这块石板稍经加工就能成为几块适用的材料,于是雇佣铲车将大石板运到家中,放置在大门旁。在他琢磨如何加工时,发现石板上有文字,仔细打量石板的形状,觉得很可能是一块石碑。

表彰石碑发现者(左为马绍彬、右为集安市文物局局长侯岩)

马绍彬在博物馆石碑展陈处

  多年来,集安市文物局始终坚持大力宣传文物保护,广大群众的文物保护意识不断增强,马绍彬的心中也逐渐形成了朴实的文物保护观念。他知道如果真是石碑,那就是文物了,应该报告给文物部门。马绍彬当即绘制草图,并用手机拍下照片。

  翌日,马绍彬来到集安市文物局,向工作人员出示了手绘图和手机里的照片。工作人员初步认定这应该是一通古代的石碑,后经文物专家认定,石碑年代为高句丽时期,定名为集安高句丽碑,是现存于世的高句丽时期三通石碑之一——另外两通分别为好太王碑、中原郡碑(现存韩国)。该碑的发现对于研究高句丽政治、文化、艺术等方面价值重大。

(吉林省文物局)

3 陈亚迷
徒步推车，把文物上交国家

2014年10月22日上午9点多，广西贺州市八步区铺门镇河南村八组的贫困村民陈亚迷因得到政府危房改造补助，在自家老宅旁建房挖地基。挖了不到一米深，发现土中暴露出一些陶罐陶钵，随即停止作业。

当时这些陶罐和陶钵的摆放不是很整齐，总共叠成了三层，其中有一个坏了一点，另外还有一些碎片，出于安全考

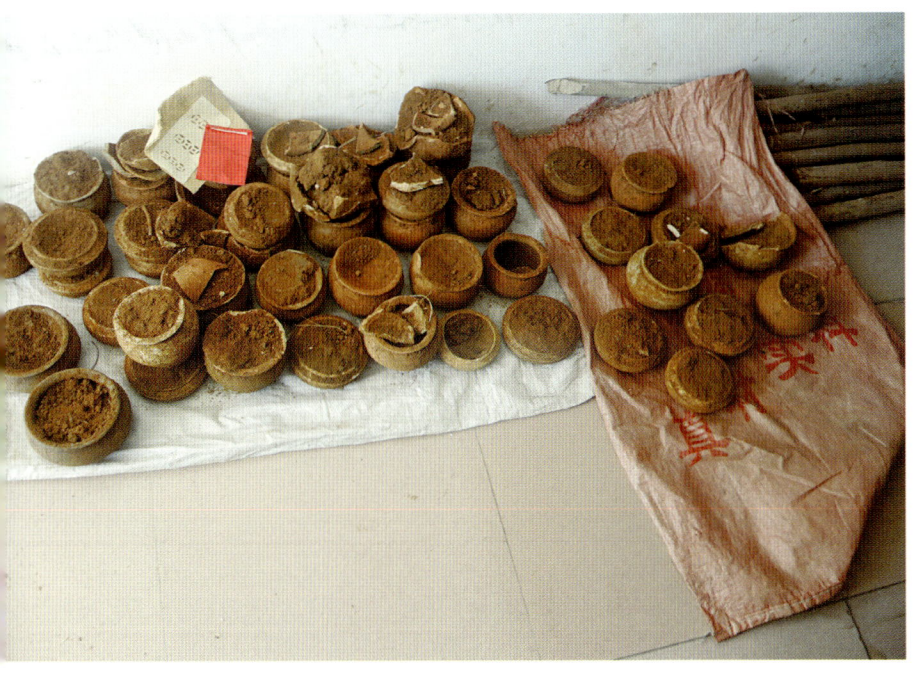

陈亚迷发现的陶器

虑，陈亚迷同丈夫用铁凿将这些暴露出的陶罐和陶钵细心取出——较完整的一共36件，此外还有一些碎片——存放在自己家中。陈亚迷只读过两年书，没什么文化，对于怎么保护这些文物自己也不清楚，只是在电视上看到过关于文物的相关宣传，知道文物是属于国家的，应该上交国家保存。

23日中午12时左右，陈亚迷背着丈夫多方打听，才了解到要将文物运送到当地政府并立即报告当地文物行政部门。运送当天正值中午，太阳火辣辣的，为了保护文物安全，陈亚迷就在斗车上先铺上一层厚厚的干稻草，再小心翼翼地把这些文物一件一件地放到斗车上，再在上面铺上干稻草，自己手拉着斗车徒步运送。由于路途较远且天气炎热，用了近两个小时才将这批文物拉到铺门镇政府，中途的过桥费（从河南村到铺门镇政府必须路经一座浮桥）也是自己掏的。

为表彰陈亚迷发现文物及时保护并用心护送、主动上交给

陶器出土地

陈亚迷夫妇接受荣誉证书

国家的行为，24日上午，贺州市、八步区两级文化主管部门及市、县两级文物管理人员前往陈亚迷家中，为她颁发2000元的奖金和荣誉证书。

目前初步推定是这些出土陶器是东汉时期的文物，具体年代尚待进一步鉴定，这批陶器主要包括罐、盖钵（平底、圆底）两类，无纹饰、无釉，现已全部交由八步区文物管理所保管。

（广西壮族自治区文物局）

4 黄新兰
致力于海外文物回归

黄新兰，女，汉族，1948年7月出生，现任西安美都集团公司董事长，西安美都博物馆理事长。

黄新兰女士在经营企业的同时，十分关注文物保护工作，致力于文物收藏和保护30余年。1999年，她所经营的企业厂区内出土了的大量西汉时期的金饼，她将这些珍贵文物及时保护并上交文物部门，这些西汉金饼现由陕西历史博物馆和西安博物院收藏展示。

2006年，黄新兰女士与欧洲保护中华艺术协会主席高美斯先生合作，将一尊流失在法国的国宝级文物——战国"临晋厨鼎"——竞拍回国并无偿捐赠给秦始皇兵马俑博物馆。这次联合捐赠，不仅是中欧之间合作的典范，更开创了中国流失海

黄新兰在讲解自己的藏品

伍 个人捐赠、上交文物

战国青铜鼎捐赠仪式

外文物回归和保护的一种新方式，迈出了国内爱国人士和国际友人合作推动海外中国文物回归的重要一步，受到社会的广泛关注和赞誉。

几十年来，黄新兰女士致力于海外文物的回流工作，投入巨资将流失海外的明清时期瓷器、珐琅器竞拍回国。为了更好地保护文物，传承中华文化，服务社会大众，将自己的收藏与社会大众共享，她自筹资金创办西安美都博物馆。博物馆于2011年正式建成对外开放，建筑面积5800平方米，馆内展出了大量汉代瓦当、画像砖、陶器和明清时期的外销瓷、珐琅器等文物，是一座集科普教育、艺术欣赏和历史研究于一体的综合性民办博物馆。开馆以来，国家文物局和省、市、区文物局的领导、专家多次莅临检查指导，对博物馆的创办与展陈都给予了高度评价，认为在长安城遗址上陈列汉代砖瓦藏品，是对汉代文物的一种保护与展示方式；博物馆所陈列的外销瓷和珐琅器，都是明清时期的瓷器艺术精品，有的是因各种原因流失海外的大器重器，将这些精品外销瓷和流失海外的文物以竞拍的形式买回国内并加以保护展示，实属不易。

向守护者致敬——社会力量参与文物保护典型事例汇编

黄新兰在西安美都博物馆

  黄新兰女士严格按照国有博物馆的标准加强美都博物馆的建设和管理，在认真做好陈列展览的同时，充分发挥博物馆的社会教育功能，每年组织"美都博物馆文物保护宣传进社区、进学校、进军营"等活动，向社会大众和大、中、小学生广泛宣传祖国的优秀文化遗产，陕西师范大学、西安外国语大学、咸阳师范学院都把西安美都博物馆列为大学生教学实践基地。博物馆连续三年在西安市文物局考评中名列前茅，被西安市文物局评为"保护文物先进单位"。黄新兰女士先后荣获"陕西省保护文物先进个人"、"西安市未央区十佳文化遗产保护者"等荣誉称号。

（陕西省文物局）

5 魏炳祥
发现文物，自觉保护上交

魏炳祥是陕西省宝鸡市高新区千河镇魏家崖村村民。全家三口，妻子魏小宁在家务农，儿子魏沙为武警陕西边防总队现役军人。

魏家崖村历史久远，在该村及周边地区分布着先秦时期的许多文化遗存。陈仓区博物馆保存着历年来在千河镇出土的许多珍贵文物。

魏炳祥善于学习，是有文化、有理想的新式农民，家道殷实，热心公益事业。他十分了解国家关于文物方面的法律、法规及政策，深知无论地上地下，文物俱属国家所有。

魏炳祥一家接受表彰

2014年10月16日下午4时左右，魏炳祥在自家后院一个近10米高的土崖取土，突然发现自己的挖掘机挖出的一铲土中好像有铜绿片。他又搜寻了一下，结果从土中翻滚出几个略带铜绿的土锈疙瘩。他立马叫来妻子一同仔细寻找，竟然先后找出了12件青铜器，包括铜壶、铜盘、铜鼎。经过清洗，魏炳祥夫妇发现尽管部分器物有所缺损，但这些青铜器样式奇特，造型精美，一看就是珍贵文物。夫妻俩当时十分激动和不安。激

魏炳祥夫妇发现的青铜器

动的是这么多贵重的"宝贝"竟然让他俩发现；怎么处理好这些宝贝，又让他俩内心十分不安。在妻子的提醒下，魏炳祥立时就给服役的儿子打电话询问。儿子魏沙十分肯定地回答："立即上交文物部门。出土文物属于国家，私自占有违法。"当时因天晚无法查询市文物局电话，10月17日一早，他就找到电话，向文物局报告了发现文物一事。

陈仓区博物馆当日赶赴现场接收了这12件青铜器。经专家鉴定，魏家后院土崖为春秋早期一贵族墓葬。在魏炳祥及家人的协助下，文物部门又在出土点清理出了铜铃、玉玦、石手柄、石串饰、残陶豆、陶珠等共356件文物。

魏炳祥家发现文物自觉保护、主动报告上交国家的高风亮节的行为受到了宝鸡市人民政府、宝鸡市文物旅游局、陈仓区人民政府、高新区人民政府的表彰奖励。

（陕西省文物局）

后记

　　社会力量参与文物保护典型事例宣传展示活动是2015年文化遗产日活动的一项重要内容，由国家文物局政策法规司组织实施。本次活动得到了全国文物系统以及社会各方面的大力支持和配合，共征集到典型事例材料102个，其中50个入选事例在文化遗产日主场城市重庆市大足区向公众展出。本书即根据有关省级文物主管部门提供的文字和图片材料，经过系统编辑整理而成的典型事例汇编。作为文化遗产日主场城市活动的重要内容，今后我们将继续推介、展示各地涌现的社会力量参与文物保护典型事例，以增强全社会的文物保护意识，充分发挥社会力量参与文物保护的积极作用。

编者